5年

実力アップ
英語
練習ノート

特別ふろく

ふろく英語カードの練習ができる！

年	組	名前

x

2 家族 ② / 食べ物・飲み物 ①

🌸 読みながらなぞって、もう１回書きましょう。

⑥

grandfather

grandfather
おじいさん

┄┄┄┄ a ではなく e だよ。

⑦

grandmother

grandmother
おばあさん

⑧

curry and rice

curry and rice
カレーライス

⑨

steak

steak

steak
ステーキ

⑩

hot dog

┄┄┄┄ 間を少しあけるよ。

hot dog

hot dog
ホットドッグ

3 食べ物・飲み物 ②

❀ 読みながらなぞって、もう 1 回書きましょう。

⑪

spaghetti

------ h をわすれずに！

spaghetti
スパゲッティ

⑫

French fries

French fries
フライドポテト

⑬

fried chicken

------ i ではなく e だよ。

fried chicken
フライドチキン

⑭

grilled fish

grilled fish
焼き魚

⑮

rice ball

rice ball

rice ball
おにぎり

4 食べ物・飲み物 ③ / 楽器 ①

❖ 読みながらなぞって、もう1回書きましょう。

⑯

noodle
めん

noodle

↳ o を2つ重ねるよ。

noodle

⑰

parfait
パフェ

parfait

↳ e ではなく a だよ。

parfait

⑱

soda
ソーダ

soda

soda

⑲

piano
ピアノ

piano

piano

⑳

recorder
リコーダー

recorder

↳ a ではなく e だよ。

5 楽器 ② / スポーツ ①

🎴 読みながらなぞって、もう1回書きましょう。

㉑

guitar

↑------ u をわすれずに！

guitar

guitar
ギター

㉒

violin

violin

violin
バイオリン

㉓

drum

↑------ a ではなく u だよ。

drum

drum
太鼓

㉔

sport

sport

sport
スポーツ

㉕

volleyball

volleyball
バレーボール

6 スポーツ ② / 身の回りの物 ①

✿ 読みながらなぞって、もう 1 回書きましょう。

㉖

table tennis
卓球

table tennis

┈┈ e ではなく a だよ。

㉗

badminton
バドミントン

badminton

㉘

dodgeball
ドッジボール

dodgeball

┈┈ l を 2 つ重ねるよ。

㉙

basket
かご

basket

basket

㉚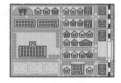

map
地図

map

map

7 身の回りの物 ②

■ 読みながらなぞって、もう1回書きましょう。

③

pencil case

k ではなく c だよ。

pencil case
筆箱

③

ball

ball

ball
ボール

③

glove

r ではなく l だよ。

glove

glove
グローブ

③

chair

chair

chair
いす

③

clock

clock

clock
かけ時計、置き時計

8 身の回りの物 ③ / 教科 ①

読みながらなぞって、もう1回書きましょう。

㊱

calendar

カレンダー

calendar

㊲

computer

コンピューター

computer

┄┄┄ a ではなく e だよ。

㊳

sofa

ソファー

sofa

sofa

㊴

subjects

教科

subjects

subjects

㊵

Japanese

国語

Japanese

┄┄┄ i ではなく e だよ。

9 教科 ②

読みながらなぞって、もう1回書きましょう。

⑨

math
算数

math

math

⑫

science
理科

science

c をわすれずに！

science

⑬

social studies
社会科

social studies

a ではなく u だよ。

⑭

English
英語

English

いつも大文字で始めるよ。

English

⑮

P.E.
体育

P.E.

P.E.

10 教科 ③

▓ 読みながらなぞって、もう1回書きましょう。

㊺

music

------- k ではなく c だよ。

music

music

音楽

㊼

arts and crafts

arts and crafts

図画工作

㊽

home economics

home economics

家庭科

㊾

calligraphy

------- l を2つ重ねるよ。

calligraphy

書写

11 曜日 ①

読みながらなぞって、もう1回書きましょう。

⑤⑩

Sunday
日曜日

Sunday
------ a ではなく u だよ。
Sunday

⑤①

Monday
月曜日

Monday
------ 曜日は大文字で書き始めるよ。
Monday

⑤②

Tuesday
火曜日

Tuesday

------ e をわすれずに！
Tuesday

⑤③

Wednesday
水曜日

Wednesday

⑤④

Thursday
木曜日

Thursday
------ e ではなく a だよ。

12 曜日 ② / 時を表すことば

読みながらなぞって、もう1回書きましょう。

⑤⑤

Friday

金曜日

Friday

Friday

⑤⑥

Saturday

土曜日

Saturday

┈┈┈┈ a ではなく u だよ。

⑤⑦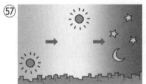

day

日、1日

day

day

⑤⑧

week

週

week

┈┈┈┈ e を2つ重ねるよ。

week

⑤⑨

weekend

週末

weekend

13 季節

読みながらなぞって、もう1回書きましょう。

⑥⓪

season
季節

season

u ではなく o だよ。

season

⑥①

spring
春

spring

spring

⑥②

summer
夏

summer

m を2つ重ねるよ。

summer

⑥③

fall
秋

fall

o ではなく a だよ。

fall

⑥④

winter
冬

winter

winter

14 月 ①

📛 読みながらなぞって、もう1回書きましょう。

⑥⑤

January
1月

January

------ 月は大文字で書き始めるよ。

January

⑥⑥

February
2月

February

⑥⑦

March
3月

March

March

⑥⑧

April
4月

April

------ lで終わるよ。

April

15 月 ②

🔲 読みながらなぞって、もう1回書きましょう。

⑲

May
5月

May

------ e ではなく a だよ。

May

⑳

June
6月

June

June

㉑

July
7月

July

------ r ではなく l だよ。

July

㉒

August
8月

August

August

16 月 ③

🐰 読みながらなぞって、もう１回書きましょう。

⑦③

September

9月

September

------- ９月から 12 月は ber で終わるよ。

⑦④

October

10月

October

October

⑦⑤

November

11月

November

------- n ではなく m だよ。

⑦⑥

December

12月

December

17 職業 ①
しょくぎょう

:::読みながらなぞって、もう1回書きましょう。

⑦

teacher

teacher
a をわすれずに！
teacher

teacher
先生

⑦⑧

student

student

student

student
生徒、学生

⑦⑨

baseball player

baseball player
野球選手

⑧⓪

doctor

a ではなく o だよ。
doctor

doctor
医者

⑧① nurse

nurse

nurse
かんごし
看護師

18 しょくぎょう 職業 ②

⚅ 読みながらなぞって、もう1回書きましょう。

⑧²

police officer
けいさつ
警察官

police officer

⑧³

fire fighter
しょうぼうし
消防士

fire fighter

⑧⁴

florist
生花店の店員

florist

florist

⑧⁵

baker
しょくにん
パン焼き職人

baker

------ er で終わるよ。

baker

⑧⁶

farmer
農場主

farmer

farmer

19 職業 ③
しょくぎょう

読みながらなぞって、もう1回書きましょう。

⑧⑦

bus driver

bus driver
バスの運転手

⑧⑧

pilot

↑ rではなく l だよ。

pilot

pilot
パイロット

⑧⑨

singer

singer

singer
歌手

⑨⑩

programmer

programmer
プログラマー

⑨⑪

actor

↑ a ではなく o だよ。

actor

actor
俳優、役者
はいゆう

20 施設・建物 ①
しせつ・たてもの

📖 読みながらなぞって、もう1回書きましょう。

⑨²

house
家

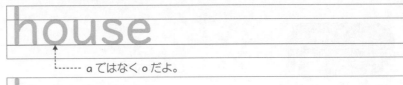

house

└----- a ではなく o だよ。

house

⑨³

school
学校

school

└----- o を2つ重ねるよ。

school

⑨⁴

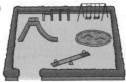

park
公園

park

park

⑨⁵

shop
店

shop

shop

⑨⁶

library
図書館

library

└----- r ではなく l だよ。

library

21 施設・建物 ②

❊ 読みながらなぞって、もう1回書きましょう。

⑨⑦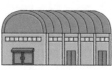

gym
体育館

gym

i ではなく y だよ。

gym

⑨⑧

restaurant
レストラン

restaurant

⑨⑨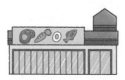

supermarket
スーパーマーケット

supermarket

a ではなく e だよ。

⑩⓪

station
駅

station

station

⑩①

police station
けいさつしょ
警察署

police station

22 施設・建物 ③

⚔ 読みながらなぞって、もう1回書きましょう。

⑩102

fire station
しょうぼうしょ
消防署

fire station

┄┄┄ e をわすれずに！

⑩103
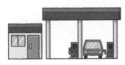
gas station
ガソリンスタンド

gas station

⑩104

hospital
病院

hospital

hospital

⑩105

museum
び じゅつ
美術館、博物館

museum

┄┄┄ a ではなく u だよ。

museum

⑩106

post office
ゆうびん
郵便局

post office

23 施設・建物 ④

しせつ

❖ 読みながらなぞって、もう1回書きましょう。

⑴⁰⁷

bus stop
バス停

てい

bus stop

a ではなく u だよ。

⑴⁰⁸

flower shop
生花店、花屋さん

flower shop

⑴⁰⁹

hotel
ホテル

hotel

hotel

⑴¹⁰

farm
農場

farm

r をわすれずに！

farm

24 様子・状態を表すことば ①

読みながらなぞって、もう1回書きましょう。

⑪

big
大きい

big

big

⑫

small
小さい

small

------ lを2つ重ねるよ。

small

⑬

long
長い

long

long

⑭

short
短い

short

------ rをわすれずに！

short

25 様子・状態を表すことば ②

❖ 読みながらなぞって、もう1回書きましょう。

⑪⑮

new
新しい

new

new

⑪⑯

old
古い

old

old

⑪⑰

kind
親切な

kind

kind

⑪⑱

cool
かっこいい

cool

↑------ o を2つ重ねるよ。

cool

⑪⑲

famous
有名な

famous

↑------ a ではなく o だよ。

famous

26 様子・状態を表すことば ③

✂ 読みながらなぞって、もう1回書きましょう。

⑫⓪

strong
強い

strong

strong

⑫①

active
活動的な

active

------ e をわすれずに！

active

⑫②

smart
利口な

smart

smart

⑫③

cute
かわいい

cute

------ o ではなく e だよ。

cute

⑫④

friendly
友好的な

friendly

------ r ではなく l だよ。

friendly

27 動作を表すことば ①

読みながらなぞって、もう1回書きましょう。

⑫⑤

play

（スポーツなどを）する、
演奏する

play

r ではなく l だよ。

play

⑫⑥

have

ある、持っている

have

have

⑫⑦

like

好きである

like

like

⑫⑧

want

ほしい

want

want

⑫⑨

eat

食べる

eat

つづりのまちがいに気をつけよう。

eat

28 動作を表すことば ②

読みながらなぞって、もう１回書きましょう。

(130)

walk
歩く

walk

walk

(131)

run
走る

run

a ではなく u だよ。

run

(132)

jump
跳ぶ

jump

jump

(133)

speak
話す

speak

speak

(134)

see
見る、見える

see

e を２つ重ねるよ。

see

29 動作を表すことば ③

❈ 読みながらなぞって、もう1回書きましょう。

(135)

sing
歌う

sing

sing

(136)

dance
踊る

dance

‑‑‑‑‑ s ではなく c だよ。

dance

(137)

cook
料理をする

cook

cook

(138)

buy
買う

buy

‑‑‑‑‑ a ではなく u だよ。

buy

(139)

help
手伝う

help

help

30 動作を表すことば ④ / 日課 ①

✖ 読みながらなぞって、もう1回書きましょう。

⑭⓪
ski
スキーをする

ski

ski

⑭①
skate
スケートをする

skate
┊⌐‑‑‑‑‑ e で終わるよ。

skate

⑭②
fly
飛ぶ

fly

fly

⑭③
get up
起きる

get up
┊⌐‑‑‑‑‑ 間をあけるよ。

get up

⑭④
go to school
学校へ行く

go to school

31 日課 ②

読みながらなぞって、もう1回書きましょう。

⑭⑤

go home
家へ帰る

go home

go home

⑭⑥

do my homework
宿題をする

do my homework

‥‥‥ u ではなく o だよ。

⑭⑦

watch TV
テレビを見る

watch TV

⑭⑧

take a bath
風呂に入る

take a bath

‥‥‥ e で終わるよ。

⑭⑨

go to bed
ねる

go to bed

教科書ワーク

答えとてびき

「答えとてびき」は、とりはずすことができます。

開隆堂版
英語 **5** 年

使い方

まちがえた問題は、もう一度よく読んで、なぜまちがえたのかを考えましょう。音声を聞きなおして、あとに続いて言ってみましょう。

Lesson 1　Hello, everyone.

20ページ　聞いて練習のワーク

❶ (1) イ　　(2) エ　　(3) ウ　　(4) ア

❷ (1)

 Toru　 Nana　 Ai

てびき ❶ I like～. は「わたしは～が好きです」という意味です。like のあとに好きなものを続けます。

❷ What do you want? は「あなたは何がほしいですか」という意味です。答えるときは want のあとにほしいものを続けます。

📢 読まれた英語

❶ (1) I like sports.
　(2) I like fruits.
　(3) I like blue.
　(4) I like animals.

❷ (1) Toru, what do you want?
　　— I want a dog.
　(2) Nana, what do you want?
　　— I want two cats.

---

(3) Ai, what do you want?
　— I want apples.

21ページ　まとめのテスト

❶ (1) サッカー　　(2) テニス
　(3) トマト　　　(4) イヌ
　(5) かばん

❷ (1) Nice to meet you.

　(2) What color do you like?

　(3) What fruit do you like?

てびき ❶ スポーツ、動物、野菜、身の回りのものなどを表すことばを正確に覚えましょう。

❷ (1) Nice to meet you. は初対面のあいさつです。このように言われたら、Nice to meet you too. と返事をしましょう。
　(2)「あなたは何の［どんな］～が好きですか」は、What ～ do you like? と言います。「～」にはたずねたいものを入れます。ここでは color「色」です。
　(3)「何の［どんな］果物が好きか」をたずねる文なので、What ～ do you like? の「～」に fruit「果物」を入れて表します。

1

リーディングレッスン

(1) sports

(2) 旅行すること

(3) 日本

てびき　(1)カイの2番目の発言に、I like sports. とあります。I like ～. は「わたしは～が好きです」という意味です。sport(s) は「スポーツ」という意味です。

(2)サンの2番目の発言にI like traveling. とあります。traveling は「旅行すること」という意味です。

(3)サンの2番目の発言2文目に、Let's go around Japan. とあります。go around Japan は「日本をまわる」という意味です。

Lesson 2　**When is your special day?**

32 ページ　**聞いて練習のワーク**

❶ (1)○　(2)×　(3)○　(4)×

❷

		特別な日	すること
(1)	Yumi	ひなまつり	ちらしずしを食べる
(2)	Ryo	大みそか	そばを食べる
(3)	Eri	こどもの日	ちまきを食べる
(4)	Ken	スポーツの日	テニスを楽しむ
(5)	Misa	七夕	花火を楽しむ

てびき　❶ My birthday is ～. は「わたしの誕生日は～です」という意味です。月や日づけの言い方をしっかり覚えましょう。

❷ When is your special day? は「あなたの特別な日はいつですか」という意味です。

📢 読まれた英語

❶ (1) My birthday is March 3rd.
　　(2) My birthday is May 12th.
　　(3) My birthday is June 24th.
　　(4) My birthday is November 6th.

❷ (1) Yumi, when is your special day?
　　　— It's Doll Festival.
　　　　I eat *chirashizushi*.
　　(2) Ryo, when is your special day?
　　　— It's New Year's Eve.
　　　　I eat *soba*.
　　(3) Eri, when is your special day?
　　　— It's Children's Day.
　　　　I eat *chimaki*.
　　(4) Ken, when is your special day?
　　　— It's Sports Day.
　　　　I enjoy tennis.
　　(5) Misa, when is your special day?
　　　— It's Star Festival.
　　　　I enjoy fireworks.

1

(1) 4 月 30 日 ——— January third

(2) 8 月 22 日 ——— May first

(3) 1 月 3 日 ——— December ninth

(4) 12 月 9 日 ——— April thirtieth

(5) 5 月 1 日 ——— August twenty-second

2 (1) your　　(2) My

(3) October　　(4) New Year's Eve

てびき

1 1 月から 12 月までの月の名前を覚えましょう。

January（1 月）、February（2 月）、March（3 月）、April（4 月）、May（5 月）、June（6 月）、July（7 月）、August（8 月）、September（9 月）、October（10 月）、November（11 月）、December（12 月）

日づけは数を表すことばの最後に th をつけます。ただし、1 日は first、2 日は second、3 日は third です。21 日は twenty-first、22 日は twenty-second、23 日は twenty-third です。

5 日の five → fifth、9 日の nine → ninth などつづりが少しかわるものに気をつけましょう。

2 (1)(2) your は「あなたの」、my は「わたしの」という意味です。

---

35 ページ リーディングレッスン

(1) 誕生日（たんじょうび）

(2) May 12th

(3) 特別な

てびき

(1) カイの最初の発言に、when is your birthday? とあります。birthday は「誕生日」という意味です。

(2) サンの最初の発言に、My birthday is May 12th. とあります。My birthday is 〜. は「わたしの誕生日は〜です」という意味です。

(3) サンの 2 番目の発言に、I want something special. とあります。something special は「何か特別なもの」という意味です。

Lesson 3　What do you have on Mondays?

1 (1) 〇　(2) ×　(3) ×　(4) 〇

2

(1) Yukari　(2) Ken　(3) Emi　(4) Taku

英語　国語　理科　算数

てびき

1 I want to be 〜. は「わたしは〜になりたいです」という意味です。「〜」に職業名を入れます。職業を表すことば、musician（音楽家）、nurse（看護師）、baseball player（野球選手）、doctor（医師）などを覚えましょう。

2 What subject do you like? は「あなたは何の教科が好きですか」という意味です。教科を表すことば、Japanese（国語）、English（英語）、math（算数）、science（理科）などを覚えましょう。

読まれた英語

1 (1) I want to be a musician.

(2) I want to be a nurse.

(3) I want to be a baseball player.

(4) I want to be a doctor.

2 (1) Yukari, what subject do you like?
　　— I like Japanese.

(2) Ken, what subject do you like?
　　— I like English.

(3) Emi, what subject do you like?
　　— I like math.

(4) Taku, what subject do you like?
　　— I like science.

1 (1) 土曜日　　(2) 水曜日
　　(3) 金曜日　　(4) 火曜日
　　(5) 日曜日

2 (1) I have social studies.
　　(2) I have P.E. and music.

てびき

1 月曜日から日曜日までの曜日の名前を覚えましょう。
Monday（月曜日）、Tuesday（火曜日）、
Wednesday（水曜日）、Thursday（木曜日）、
Friday（金曜日）、Saturday（土曜日）、
Sunday（日曜日）
曜日は文の中のどこであっても最初の文字は必ず大文字にすることに注意しましょう。

2 質問は、(1)「あなたは今日、何（の授業）がありますか」、(2)「あなたは月曜日に何（の授業）がありますか」という意味です。教科の名前を覚えましょう。have には「持っている、飼っている」という意味以外に、「（授業が）ある」などの意味もあります。today は「今日」、on Mondays は「（毎週）月曜日に」という意味です。「毎週月曜日に」と「毎週」の意味を強調したいときは曜日を表すことばの最後に s をつけることに注意しましょう。

(1) Ben's school
(2) 時間割
(3) 書写、音楽

てびき

(1) サンの最初の発言に Let's go to Ben's school. とあります。Ben's school とは「ベンの学校」という意味です。
(2) カイの2番目の発言の school schedule は「学校の時間割」という意味です。また、What do we have today? は「わたしたちは今日、何（の授業）がありますか」という意味です。
(3) 最後でサンは英語、書写、音楽、算数、図画工作と答えています。

Lesson 4　I can draw pictures well.

1 (1) イ　(2) ア　(3) エ　(4) ウ
2 (1) ○　(2) ×　(3) ○

てびき

1 動作を表すことばをしっかり覚えておきましょう。
sing（歌う）、jump（ジャンプする）、play the recorder（リコーダーをふく）、dance（おどる）です。
2 Can he[she] ～? は「彼[彼女]は～することができますか」という意味です。Yes, he[she] can.（はい、できます）または No, he[she] can't.（いいえ、できません）で答えます。
swim（泳ぐ）、play the piano（ピアノを弾く）、play soccer（サッカーをする）も覚えましょう。play には「（楽器を）演奏する」、「（スポーツを）する」という意味があります。「（楽器を）演奏する」の意味で使うとき、楽器名の前には the をつけることに注意しましょう。

読まれた英語

1 (1) I can sing well.
　　(2) I can jump high.
　　(3) I can play the recorder.
　　(4) I can dance well.
2 (1) He is Ken. Can he swim?
　　　— Yes, he can.
　　(2) He is Taku. Can he play the piano?
　　　— No, he can't.
　　(3) She is Nana. Can she play soccer?
　　　— Yes, she can.

1 (1) can

(2) can't

2 (1) Yes, she can.

(2) No, she can't.

てびき **1** (1)「わたしは〜することができます」はI can 〜. と言います。

(2)「わたしは〜することができません」はI can't[cannot] 〜. と言います。

2 どちらも Can she 〜?（彼女は〜することができますか）の質問です。答えるときは、Yes, she can.（はい、できます）または No, she can't.（いいえ、できません）で答えます。

(1) Can she jump rope? は「彼女はなわとびをすることができますか」という意味です。メモの「できること」に「なわとび」があるので、Yes, she can. を選びます。

(2) Can she play badminton? は「彼女はバドミントンをすることができますか」という意味です。メモの「できないこと」にバドミントンがあるので、No, she can't. を選びます。

(1) 友だち

(2) great

(3) おどる、スケートをする

てびき (1) 2文目に、This is my friend Kai. とあります。my friend は「わたしの友だち」という意味です。

(2) 3文目に、He is great. とあります。great は「すごい、偉大な」という意味です。

(3) 5文目に、He can dance well.「彼はじょうずにおどることができる」、7文目に、He can skate fast.「彼は速くスケートをすべることができる」とあります。

Lesson 5　Where is the station?

1 (1) ウ　(2) ア　(3) エ　(4) イ

2

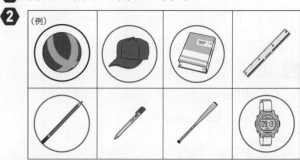

（例）

てびき **1** My favorite place is 〜. は「わたしのお気に入りの場所は〜です」という意味です。library は「図書館、図書室」、restaurant は「レストラン」、department store は「デパート」という意味です。

2 〜 is in the box. は「〜は箱の中にあります」という意味です。身近なものを表すことばをしっかり覚えておきましょう。

📢 **読まれた英語**

1 (1) My favorite place is the library.

(2) My favorite place is the restaurant.

(3) My favorite place is the department store.

(4) My favorite place is the park.

2 (例) My ball is in the box.

My book is in the box.

My watch is in the box.

My pencil is in the box.

My cap is in the box.

71ページ まとめのテスト

1
(1) ～の下に ＼ on
(2) ～の上に ＼ under
(3) ～の中に ╳ by
(4) ～のそばに ╱ in

2
(1) My
(2) Where
(3) Go、left、right

> **てびき**
> **1** 位置を表すことばをしっかり覚えておきましょう。
> **2** (1) My は「わたしの」、Your は「あなたの」です。
> (2)「～はどこですか」は Where is ～? と言います。
> (3)「行く」は go です。ここでは文の最初なので g を大文字にします。「曲がる」は turn です。「左に」は left、「右に」は right と言います。

73ページ リーディングレッスン

(1) Miyazaki

(2) モアイ像
(3) お気に入りの場所

> **てびき**
> (1)サンの最初の発言に、One of my favorite places is Miyazaki. とあります。
> (2)サンの発言の2文目に We can see the Moai by the sea. とあります。by the sea は「海のそばに」という意味です。
> (3)サンの How about you, Kai? という質問に、カイは I have many favorite places. と答えています。many favorite places は「たくさんのお気に入りの場所」という意味です。

Lesson 6　What would you like?

80ページ 聞いて練習のワーク

1 (1)エ (2)ウ (3)イ (4)ア
2 (1)○ (2)× (3)× (4)×

> **てびき**
> **1** すべて食べ物や飲み物を表すことばです。しっかり覚えておきましょう。
> pizza（ピザ）、hot dog（ホットドッグ）、juice（ジュース）、coffee（コーヒー）
> **2** What would you like? は、店などで注文をたずねるときに使う表現で、「何になさいますか」という意味です。答えるときは I'd like ～.（～をお願いします）と言います。I'd like a hamburger, French fries, and tea.（ハンバーガー、フライドポテトと紅茶をお願いします）のように、and を使って3つ以上ならべて言う言い方にも慣れておきましょう。

読まれた英語
1 (1) Pizza, please.
(2) A hot dog, please.
(3) Orange juice, please.
(4) Coffee, please.
2 (1) What would you like?
— I'd like green tea.
(2) What would you like?
— I'd like bread and milk.
(3) What would you like?
— I'd like steak and soup.
(4) What would you like?
— I'd like a hamburger, French fries, and tea.

1 (1) 水

(2) 焼き魚

(3) フライドチキン

(4) 緑茶

(5) パン

2 (1) What would you like?

(2) I'd like steak.

てびき

1 すべて食べ物、飲み物を表すことばです。ほかにも、pizza（ピザ）や tea（紅茶）、soup（スープ）などのことばもしっかり覚えておきましょう。

カタカナ語として日本語で使われることばでも、英語では強く読む部分や発音がちがうことが多いので注意しましょう。

例 sandwich[**サン**（ドゥ）ウィチ]

spaghetti[スパ**ゲ**ティ]

2 どちらも店などでの注文のやりとりに使う表現です。ほかにも、Here you are.（はい、どうぞ）、Thank you.（ありがとう）があります。どちらもものを受けわたしするときによく使われる表現です。いっしょに覚えましょう。

1 (1) ウ　(2) ア　(3) イ　(4) エ

2 (1)　　　　　(2)　　　　　(3)

| 820円 | 750円 | 900円 |

てびき

1 味を表すことばをしっかり覚えておきましょう。

hot（辛い）、sweet（甘い）、

sour（すっぱい）、salty（塩辛い［しょっぱい］）

hot には気候が「暑い」、飲み物などが「熱い」の意味もあります。

2 How much is ～? は「～はいくらですか」という意味で、ものの値段をたずねるときに使います。答えるときは It's ～ yen. と言いましょう。

読まれた英語

1 (1) It's hot.

(2) It's sweet.

(3) It's sour.

(4) It's salty.

2 (1) How much is the spaghetti?

— It's nine hundred yen.

(2) How much is the pizza?

— It's eight hundred twenty yen.

(3) How much is the curry and rice?

— It's seven hundred fifty yen.

87ページ まとめのテスト

1 (1) 苦い　　(2) おいしい　　(3) 冷たい
(4) 315　　(5) 705　　(6) 110

2 (1) | How much |

(2) | It's |

てびき

1 (1)(2)(3)味や温度を表すことばを覚えましょう。
(3) cold は食べ物や飲み物、気候などが「冷たい」を表します。
(4)(5)(6) 3 けたの数は百の位に hundred をつけて言い、そのあと十・一の位の数をまとめて言います。また、(6)のように百の位と十の位の間に and を入れることもあります。(6)の a は one (one hundred と言います) を使うこともあります。数字の読み方に慣れておきましょう。thirteen(13) と thirty(30) などは聞きまちがえやすいので注意しましょう。

2 (1)「〜はいくらですか」は How much is 〜? と言います。
(2)「それは〜円です」は It's 〜 yen. と言います。

Lesson 7　I love my town.

96ページ 聞いて練習のワーク

❶ (1) エ　(2) ア　(3) イ　(4) ウ
❷ (1) ×　(2) ○　(3) ×　(4) ○

てびき

❶ 建物や施設などを表すことばをしっかり覚えておきましょう。This is 〜.(これは〜です) は人以外をしょうかいするときにも使います。

❷ It's 〜. の It は This is 〜. の「〜」にあたることばをさしています。It's 〜. は「それは〜です」という意味で、状態や様子を説明するときにも使います。状態や様子を表すことばをしっかり覚えておきましょう。
long (長い)、new (新しい)
big (大きい)、old (古い)

読まれた英語

❶ (1) This is my town.
　　　We have a bookstore.
(2) This is my town.
　　　We have a station.
(3) This is my town.
　　　We have an amusement park.
(4) This is my town.
　　　We have an aquarium.
❷ (1) This is my pencil.
　　　It's long.
(2) This is my house.
　　　It's new.
(3) This is my dog.
　　　It's big.
(4) This is my bag.
　　　It's old.

97ページ まとめのテスト

1 (1)映画館　(2)神社
(3)山　(4)有名な
(5)美しい

2 (1) We can see a big picture.

(2) It's wonderful.

> **てびき**
> **1** (1) theater は「映画館」、(2) shrine は「神社」、(3) mountain は「山」、(4) famous は「有名な」、(5) beautiful は「美しい」という意味です。「寺」は temple です。
> **2** (1)「〜することができます」は We can 〜. と言います。
> (2) It's のあとに状態や様子を表すことばを置くと、その説明をすることができます。

99ページ リーディングレッスン

(1) 桜の花

(2) fireworks

(3) ハイキング、果物

> **てびき**
> (1) 1 文目に、In spring, we can see beautiful cherry blossoms. とあります。cherry blossoms は「桜の花」、spring は「春」という意味です。
> (2) 4 文目に、We can see wonderful fireworks in many towns. とあります。in many towns は「たくさんの町で」という意味です。
> (3) 5 文目に、we can enjoy hiking. とあります。また、7 文目に We can eat delicious fruits too. とあります。秋に楽しめること、食べられるものは、6 文目に書かれている momijigari「もみじ狩り」もふくめて 3 つ書かれています。

Lesson 8　My Hero

108ページ 聞いて練習のワーク

1 (1)イ　(2)ア　(3)エ　(4)ウ
2 (1)先生[教師]
(2)親しみやすい
(3)バスケットボール
(4)じょうずに歌う（こと）

> **てびき**
> **1** 動作を表すことばをしっかり覚えておきましょう。
> dance（おどる）、swim（泳ぐ）
> run（走る）、play tennis（テニスをする）
> very well（とてもじょうずに）、fast（速く）は動作を表すことばに意味を加えています。
> **2** He は男性をさして「彼は〜」というときに使うことばです。He is 〜. で「彼は〜です」、He is good at 〜. で「彼は〜が得意です」、He can 〜. で「彼は〜することができます」という意味になります。

📣 読まれた英語

1 (1) He can dance.
(2) He can swim very well.
(3) She can run fast.
(4) She can play tennis.
2 Hello. I'm Makoto.
This is my father.
He is a teacher.
He is friendly.
He is good at basketball.
He can sing well.

9

1 (1) This、 She
　　(2) can、 He

2 (1) She is good at soccer.

　　(2) Are you good at singing?

てびき

1 (1)「こちらは〜です」と人をしょうかいするときは This is 〜. と言います。Ms. は女性に使います（男性には Mr.）。女性をさして「彼女は」と言うときは She を使います。

(2)「〜することができます」は can 〜 と言います。男性をさして「彼は」と言うときは He を使います。

2 (1)「彼女は〜が得意です」は She is good at 〜. と言います。

(2)「あなたは〜が得意ですか」は Are you good at 〜? と言います。

夏休みのテスト

1 (1)× (2)○ (3)× (4)○

2 (1)

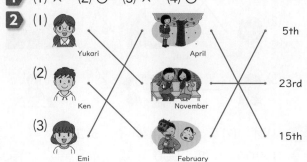

3 (1)ア (2)エ (3)イ (4)ウ

4 (1)9月20日
(2)トマト
(3)テニス
(4)英語
(5)火曜日

5 (1) Nice
(2) What
(3) When
(4) have

6

My name is Saki.
My birthday is
July 1st .
I want a dog for
my birthday.
I want to be a vet .
Thank you.

てびき **1** (1) basketball は「バスケットボール」です。絵の「野球」は baseball です。
(2) soccer は「サッカー」です。
(3) cat は「ネコ」、絵の「ボール」は ball です。
(4) shoes は「くつ」です。

2 (1) My birthday は「わたしの誕生日」という意味です。November 23rd は「11月23日」です。
(2) February 5th は「2月5日」です。
(3) April 15th は「4月15日」です。5th と 15th を聞き分けましょう。

3 (1)～(4) What subject do you like? は「あなたはどんな教科が好きですか」という意味です。答えるときは I like ～. の「～」に教科を表すことばを入れて答えます。arts and crafts は「図画工作」、social studies は「社会」、Japanese は「国語」、P.E. は「体育」です。「算数」は math です。

4 (1) My birthday is ～. は「わたしの誕生日は ～です」という意味です。September 20th は「9月20日」という意味です。
(2)(3)(4) I like ～. は「わたしは～が好きです」という意味です。tomato(es)「トマト」、tennis「テニス」、English「英語」を聞き取りましょう。
(5) I have English on Tuesdays. は「英語（の授業）は火曜日にあります」という意味です。

5 (1)初対面の人に「はじめまして」は Nice to meet you. と言います。
(2)「あなたはどんな動物が好きですか」は What animal do you like? と言います。
(3)「～はいつですか」は When is ～? です。
(4)「～があります」は We have ～. です。

6 「7月1日」は July 1st と言います。June 1st は「6月1日」です。「誕生日に～がほしいです」は I want ～ for my birthday. と言います。「イヌ」は dog です。cat は「ネコ」です。「～になりたいです」は I want to be ～. と言います。「じゅう医師」は vet です。doctor は「医師」という意味です。

1 (1) basketball
(2) soccer
(3) cat
(4) shoes

2 (1) I'm Yukari.　My birthday is November 23rd.
(2) I'm Ken.　My birthday is February 5th.
(3) I'm Emi.　My birthday is April 15th.

3 (1) A: What subject do you like, Ai?
B: I like arts and crafts.
(2) A: What subject do you like, Toru?
B: I like social studies.
(3) A: What subject do you like, Nana?
B: I like Japanese.
(4) A: What subject do you like, Kei?
B: I like P.E. very much.

4 My name is Yumi.
My birthday is September 20th.
I like tomatoes.
I like tennis and English too.
I have English on Tuesdays.

冬休みのテスト

1 (1) ○　(2) ×　(3) ×　(4) ○

2 (1)
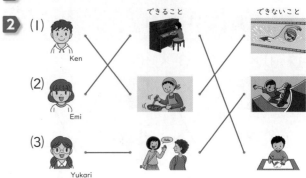
できること　　　できないこと
Ken
(2)
Emi
(3)
Yukari

3 (1) オ　(2) ア　(3) カ　(4) イ　(5) エ

4 (1) 900　　(2) 500
(3) 430　　(4) 380

5 (1) Where
(2) by
(3) would
(4) How

6
My favorite place
is the gym.
I like sports .
Go straight and
turn right
at the station.

1 (1) hamburger は「ハンバーガー」です。

(2) French fries は「フライドポテト」です。絵の「焼き魚」は grilled fish です。

(3) coffee は「コーヒー」です。絵の「緑茶」は green tea です。

(4) salad は「サラダ」です。

2 This is ～. は人をしょうかいするときに使う表現です。

(1) Ken は男性なので he を使います。He can cook. で「彼は料理ができます」、He can't swim. で「彼は泳げません」という意味です。can ～は「～できる」、can't ～は「～できない」という意味です。

(2) Emi は女性なので she を使います。She can play the piano. で「彼女はピアノを弾けます」、She can't draw pictures well. で「彼女は絵をじょうずには描けません」という意味です。

(3) She can speak English. で「彼女は英語を話せます」、She can't skateboard. で「彼女はスケートボードができません」という意味です。

3 (1)～(5) My favorite place is ～. は「わたしのお気に入りの場所は～です」という意味です。「～」には場所を表すことばが入ります。park は「公園」、aquarium は「水族館」、zoo は「動物園」、bookstore は「書店」、stadium は「スタジアム」です。「博物館」は museum です。

4 I'd like ～. は「～をお願いします」と食べ物などを注文するときに使います。値段をたずねるときは How much is ～?「～はいくらですか」を使います。答えるときは It's ～ yen. や＿ is ～ yen.「それは［―は］～円です」を使います。ピザは 900 (nine hundred) yen、フライドチキンは 500 (five hundred) yen、ケーキは 430 (four hundred thirty) yen、オレンジジュースは 380 (three hundred eighty) yen です。

5 (1)「あなたのボールはどこですか」は Where is your ball? で表します。場所をたずねるときは Where is ～?「～はどこですか」を使います。

(2)「～のそばです」は It's by ～. と言います。場所を表すことばを覚えましょう。on は「～の上に」、in は「～の中に」、under は「～の下に」を表します。

(3)「何になさいますか」と食べ物の注文を聞くときには、What would you like? と言います。

答えるときは、I'd like ～.「～がほしいです」と答えます。

(4)「～はいくらですか」と値段をたずねるときは How much is ～? と言います。

6 「お気に入りの場所」は favorite place で表します。「わたしは～が好きです」は I like ～. で表します。「右に曲がる」は turn right で表します。turn left は「左に曲がる」です。

📢 **読まれた英語**

1 (1) hamburger
(2) French fries
(3) coffee
(4) salad

2 (1) This is Ken. He can cook. But he can't swim.
(2) This is Emi. She can play the piano. But she can't draw pictures well.
(3) This is Yukari. She can speak English. But she can't skateboard.

3 (1) My favorite place is the park.
(2) My favorite place is the aquarium.
(3) My favorite place is the zoo.
(4) My favorite place is the bookstore.
(5) My favorite place is the stadium.

4 A: I'd like pizza, fried chicken, cake and orange juice. How much?
B: The pizza is 900 yen. The fried chicken is 500 yen. The cake is 430 yen, and the orange juice is 380 yen.

学年末のテスト

1 (1) × (2) ○ (3) × (4) ×

2 (1)

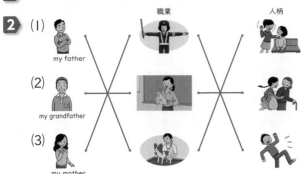

職業　　　　　　　　　　人柄

my father
my grandfather
my mother

3 (1) オ (2) エ (3) イ (4) ウ

4 (1) 算数
(2) カレーライス
(3) バイオリンを弾く
(4) おかあさん
(5) 宇宙飛行士

5 (1) have
(2) can
(3) Who
(4) playing

6

This is Midori.
She is my mother .
She is a programmer .
She is gentle .
She can swim fast.
She can dance well .
She is my hero!

てびき

1 (1) library は「図書館」です。絵の「病院」は hospital です。
(2) bookstore は「書店」です。
(3) river は「川」です。絵の「浜辺」は beach です。
(4) garden は「庭」です。絵の「農場」は farm です。

2 (1)〜(3)「わたしのヒーローは〜です」と言うときは My hero is 〜. を使います。father は「おとうさん」、grandfather は「おじいさん、祖父」、mother は「おかあさん」です。vet は「じゅう医師」、teacher は「先生」、police officer は「警察官」、friendly は「親しみやすい」、kind は「優しい、親切な」、active は「活発な」です。職業やその人の人柄を表すことばを覚えましょう。

3 We have 〜. は「〜があります」という意味です。「〜」には建物などを表すことばが入ります。It's 〜. は「〜」に状態や様子を表すことばを入れて、その建物などを説明するときに使います。famous は「有名な」、exciting は「わくわくする」、old は「古い」、wonderful は「すばらしい」という意味です。

4 (1)(2)「わたしは〜が好きです」は I like 〜. で表します。math は「算数」、curry and rice は「カレーライス」です。
(3)「わたしは〜（すること）ができます」は I can 〜. で表します。play the violin は「バイオリンを弾く」です。
(4) My hero is 〜. で「わたしのヒーローは〜です」という意味です。mother は「おかあさん」です。
(5) I want to be 〜. で「わたしは〜になりたいです」という意味です。astronaut は「宇宙飛行士」です。

5 (1) 自分の町などについて「水族館があります」は We have an aquarium. と言います。
(2)「〜（すること）ができる」は can を使います。
(3)「〜はだれですか」は Who is 〜? でたずねます。
(4)「わたしは〜することが得意です」は I'm good at 〜. で表します。「〜」の部分にはスポーツ、教科、動作を表すことばに ing のついた形が入ります。

6 「わたしの母」は my mother と表します。ミドリさんの職業は「プログラマー」なので programmer が入ります。「優しい」は gentle です。「速く泳ぐ」は swim fast です。「じょうずにおどる」は dance well です。

1 (1) library
(2) bookstore
(3) river
(4) garden

2 (1) My hero is my father. He is a vet. He is friendly.
(2) My hero is my grandfather. He is a teacher. He is kind.
(3) My hero is my mother. She is a police officer. She is active.

3 (1) We have a restaurant in our town. It's famous.
(2) We have an amusement park in our town. It's exciting.
(3) We have a temple in our town. It's old.
(4) We have a museum in our town. It's wonderful.

4 I'm Taku.
I like math and curry and rice.
I can play the violin.
My hero is my mother.
I want to be an astronaut.

単語リレー

❶ family
❷ father
❸ sister
❹ steak
❺ spaghetti
❻ fried chicken
❼ recorder
❽ guitar
❾ drum
❿ dodgeball
⓫ badminton
⓬ volleyball
⓭ chair
⓮ glove
⓯ calendar
⓰ English
⓱ Japanese
⓲ math
⓳ Sunday
⓴ Wednesday
㉑ Friday
㉒ spring
㉓ summer
㉔ fall
㉕ winter
㉖ January
㉗ July
㉘ December
㉙ America
㉚ Japan
㉛ doctor
㉜ teacher
㉝ gym
㉞ station
㉟ big
㊱ kind
㊲ like
㊳ go to school

わくわくポスター 英語 ★5年 町にあるもの

hospital 病院 ○○病院
library 図書館
park 公園
supermarket スーパーマーケット
zoo 動物園
fire station 消防署 しょうぼうしょ

♪p02

January 1月
February 2月
March 3月
May 5月
June 6月
July 7月
September 9月
October 10月
November 11月
Dec
spring 春
summer 夏
fall / autumn 秋

1 one　2 two　3 three　4 four　5 five　6 six　7 seven　8 eight　9 nine　10 ten　11
17 seventeen　18 eighteen　19 nineteen　20 twenty　30 thirty　40 forty　50 fifty　60
93 ninety-three　94 ninety-four　95 ninety-five　96 ninety-six　97 ninety-seven　98

・月と季節・日課・数

教科書ワーク

restaurant
レストラン

school
学校

station ♪ p01
駅

police station
けいさつしょ
警察署

post office
ゆうびん
郵便局

department store
デパート

April
4月

August
8月

...ember
2月

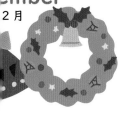

winter
冬

♪ p03

get up
起きる

brush my teeth
歯をみがく

go home
家へ帰る

wash the dishes
皿をあらう

wash my face
顔をあらう

go to school
学校へ行く

clean my room
部屋のそうじをする

go to bed
ねる

---

eleven　**12** twelve　**13** thirteen　**14** fourteen　**15** fifteen　**16** sixteen

sixty　**70** seventy　**80** eighty　**90** ninety　**91** ninety-one　**92** ninety-two

...nety-eight　**99** ninety-nine　**100** one hundred

♪ p04

Number

使い方

①切りはなして、リングなどで とじます。

②音声に続けて言いましょう。 音声はこちらから聞くことが できます。

③日本語を見て英語を言いましょう。
- 英語が言えたら
- 覚えて何回も言えたら
- かんぺきだと思ったら

それぞれのアイコンを丸で囲みましょう。

1 家族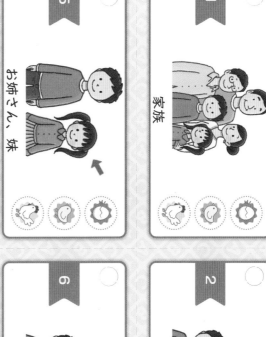

2 お父さん

3 お母さん

4 お兄さん、弟

5 お姉さん、妹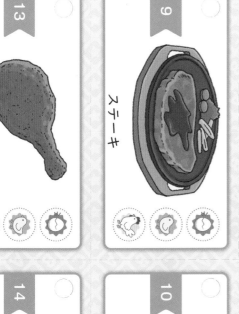

6 おじいさん

7 おばあさん

8 カレーライス

9 ステーキ

10 ホットドッグ

11 スパゲッティ

12 フライドポテト

13 フライドチキン

14 焼き魚

15 おにぎり

16 めん

うら面の英語を見て、
日本語を言えるかな？

教科書ワーク 英語 5年 単語カード 1～76
付録

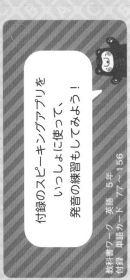

付録のスピーキングアプリを
いっしょに使って、
発音の練習もしてみよう！

教科書ワーク 英語 5年 単語カード 77～156
付録

♪c01 **1** family

♪c01 **2** father
[両親] は parents と言うよ。

♪c01 **3** mother

♪c01 **4** brother

♪c01 **5** sister

♪c01 **6** grandfather
[祖父母] は grandparents と言うよ。

♪c01 **7** grandmother

♪c02 **8** curry and rice

♪c02 **9** steak
とくにビーフステーキのことを言うよ。

♪c02 **10** hot dog

♪c02 **11** spaghetti

♪c02 **12** French fries
French は [フランスの] という意味だよ。

♪c02 **13** fried chicken
fried は [（油で）あげた] という意味だよ。

♪c02 **14** grilled fish

♪c02 **15** rice ball

♪c02 **16** noodle
ふつう noodles の形で使うよ。

17 パフェ	21 ギター	25 バレーボール	29 かご	33 グローブ
18 ソーダ	22 バイオリン	26 卓球（たっきゅう）	30 地図	34 いす
19 ピアノ	23 大鼓（たいこ）	27 バドミントン	31 筆箱	35 かけ時計、置き時計
20 リコーダー	24 スポーツ	28 ドッジボール	32 ボール	36 カレンダー

17 ♪ c02	parfait
18 ♪ c02	soda
19 ♪ c03	piano
20 ♪ c03	recorder
21 ♪ c03	guitar
22 ♪ c03	violin
23 ♪ c03	drum — drums と複数形にすると「ドラム」という意味だよ。
24 ♪ c04	sport
25 ♪ c04	volleyball
26 ♪ c04	table tennis
27 ♪ c04	badminton
28 ♪ c04	dodgeball
29 ♪ c05	basket
30 ♪ c05	map
31 ♪ c05	pencil case
32 ♪ c05	ball
33 ♪ c05	glove — 「（1組の）手ぶくろ」は複数形の gloves だよ。
34 ♪ c05	chair
35 ♪ c05	clock — 「うで時計」は watch と言うよ。
36 ♪ c05	calendar

37 コンピューター	41 算数	45 体育	49 書写	53 水曜日
38 ソファー	42 理科	46 音楽	50 日曜日	54 木曜日
39 教科	43 社会科	47 図画工作	51 月曜日	55 金曜日
40 国語	44 英語	48 家庭科	52 火曜日	56 土曜日

c05 37	computer
c05 38	sofa
c06 39	subjects
c06 40	Japanese 「日本人」「日本の」という意味もあるよ。

c06 41	math
c06 42	science
c06 43	social studies
c06 44	English

c06 45	P.E.
c06 46	music
c06 47	arts and crafts
c06 48	home economics

c06 49	calligraphy
c07 50	Sunday 曜日はすべて大文字で始まるよ。
c07 51	Monday
c07 52	Tuesday

c07 53	Wednesday
c07 54	Thursday
c07 55	Friday
c07 56	Saturday

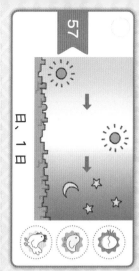

57 日、1日

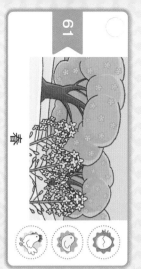

65 1月

69 5月

73 9月

58 週

66 2月

70 6月

74 10月

59 週末

63 秋

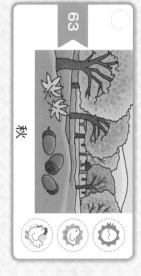

67 3月

71 7月

75 11月

60 季節

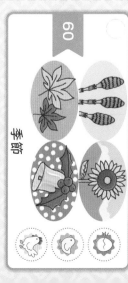

64 冬

68 4月

72 8月

76 12月

61 春

62 夏

c07 57 **day**	c08 61 **spring**	c09 65 **January** 月はすべて大文字で始まるよ。	c09 69 **May**	c09 73 **September**
c07 58 **week**	c08 62 **summer**	c09 66 **February**	c09 70 **June**	c09 74 **October**
c07 59 **weekend** 「平日（月曜日～金曜日）」は weekday と言うよ。	c08 63 **fall** autumn という言い方もあるよ。	c09 67 **March**	c09 71 **July**	c09 75 **November**
c08 60 **season** 「四季」は four seasons と言うよ。	c08 64 **winter**	c09 68 **April**	c09 72 **August**	c09 76 **December**

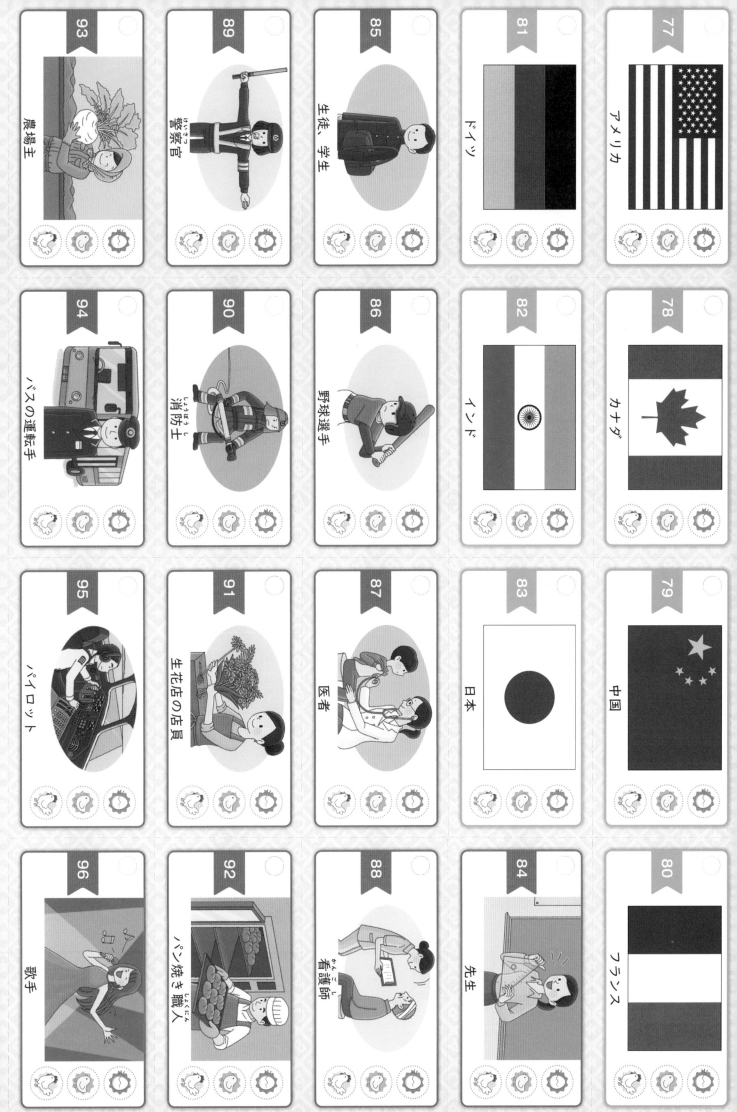

77 ♪c10
America
the U.S. や the U.S.A. というよび方もあるよ。

78 ♪c10
Canada

79 ♪c10
China

80 ♪c10
France

81 ♪c10
Germany

82 ♪c10
India

83 ♪c10
Japan

84 ♪c11
teacher

85 ♪c11
student

86 ♪c11
baseball player
player は「選手」という意味だよ。

87 ♪c11
doctor

88 ♪c11
nurse

89 ♪c11
police officer

90 ♪c11
fire fighter
firefighter と1語で表すこともあるよ。

91 ♪c11
florist

92 ♪c11
baker

93 ♪c11
farmer

94 ♪c11
bus driver

95 ♪c11
pilot

96 ♪c11
singer

97 プログラマー	101 公園	105 レストラン	109 消防署	113 郵便局
98 俳優、役者	102 店	106 スーパーマーケット	110 ガソリンスタンド	114 バス停
99 家	103 図書館	107 駅	111 病院	115 生花店、花屋さん
100 学校	104 体育館	108 警察署	112 美術館、博物館	116 ホテル

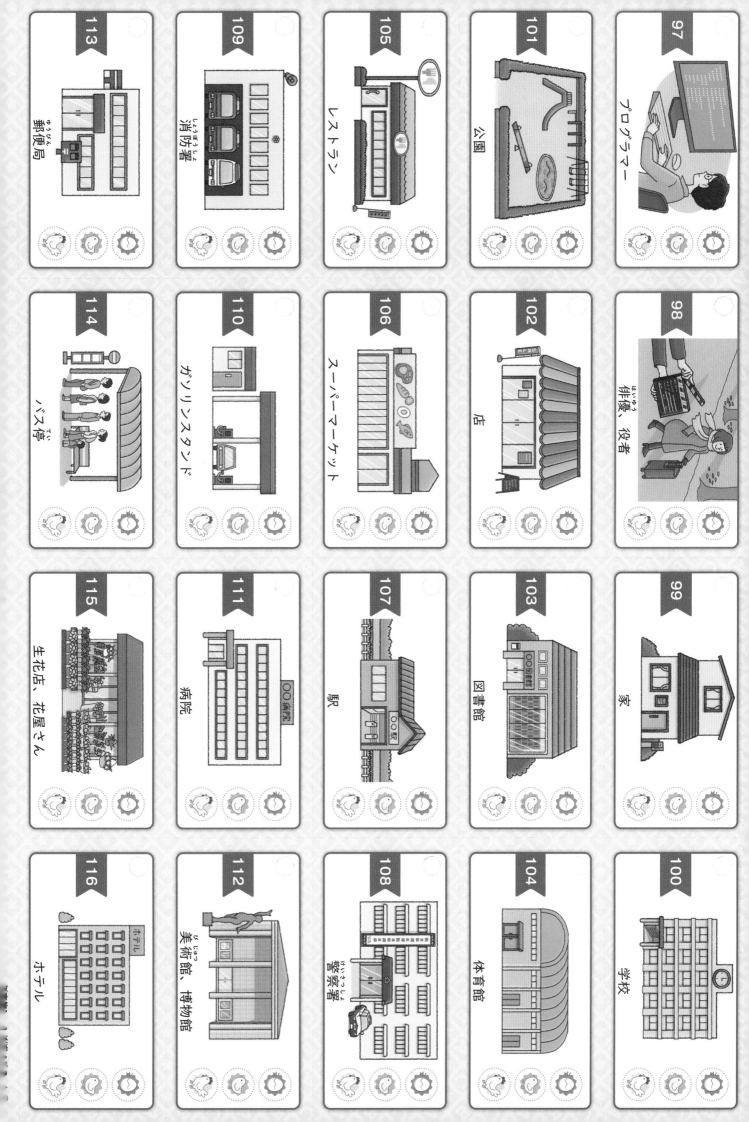

№	c11	programmer
97		

№	c11	actor
98		

№	c12	house
99		

№	c12	school
100		

---

101 · c12 · **park**

102 · c12 · **shop**
store という言い方
もあるよ。

103 · c12 · **library**
「(学校の) 図書室」も
library と言うよ。

104 · c12 · **gym**

---

105 · c12 · **restaurant**

106 · c12 · **supermarket**

107 · c12 · **station**

108 · c12 · **police station**

---

109 · c12 · **fire station**

110 · c12 · **gas station**

111 · c12 · **hospital**

112 · c12 · **museum**
「美術館」は art museum
と言うこともあるよ。

---

113 · c12 · **post office**

114 · c12 · **bus stop**

115 · c12 · **flower shop**

116 · c12 · **hotel**

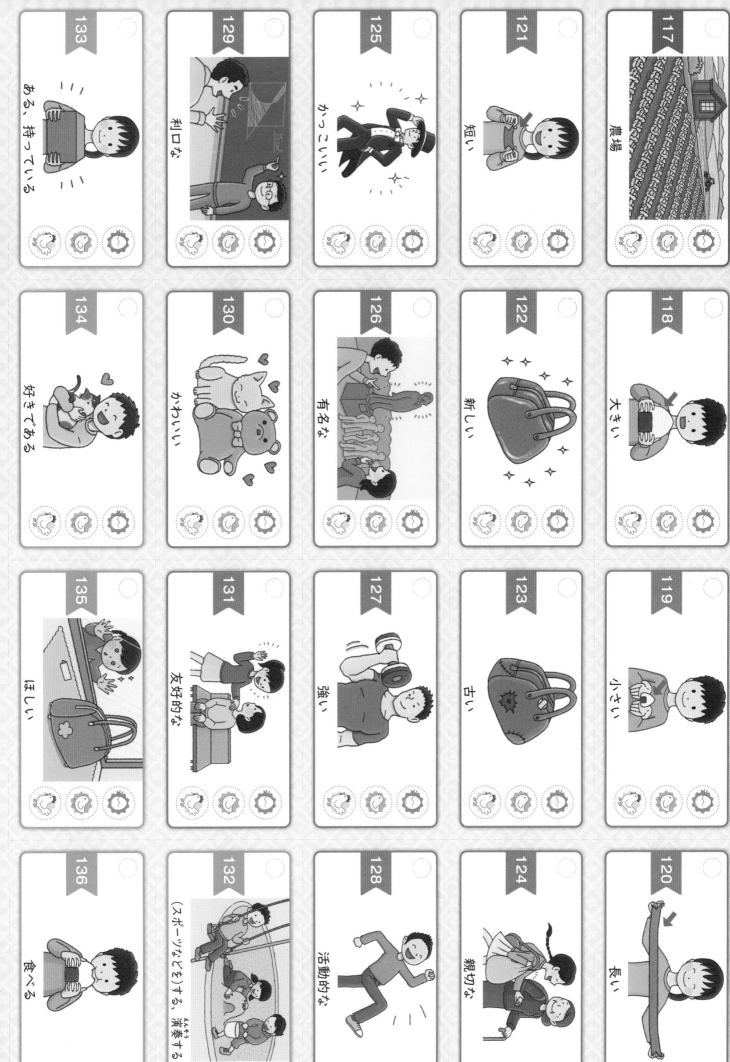

133 ある、持っている	129 利口な	125 かっこいい	121 短い	117 農場
134 好きである	130 かわいい	126 有名な	122 新しい	118 大きい
135 ほしい	131 友好的な	127 強い	123 古い	119 小さい
136 食べる	132 (スポーツなど)する、演奏する	128 活動的な	124 親切な	120 長い

No.	Word	Track	Note
117	farm	c12	
118	big	c13	
119	small	c13	
120	long	c13	
121	short	c13	
122	new	c13	
123	old	c13	「年をとった」という意味もあるよ。「若い」はyoungだよ。
124	kind	c13	
125	cool	c13	「すずしい」という意味もあるよ。
126	famous	c13	
127	strong	c13	
128	active	c13	
129	smart	c13	
130	cute	c13	
131	friendly	c13	
132	play	c14	
133	have	c14	「食べる」という意味もあるよ。
134	like	c14	
135	want	c14	
136	eat	c14	

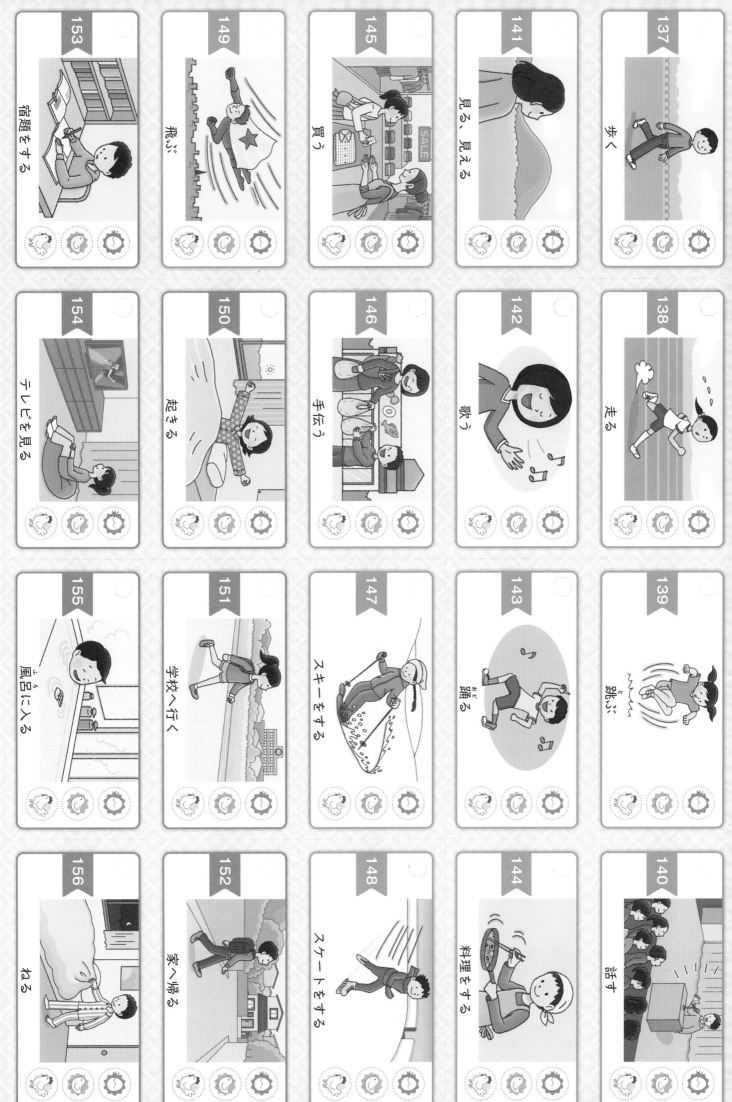

137 歩く

138 走る

139 跳ぶ

140 話す

141 見る、見える

142 歌う

143 踊る

144 料理をする

145 買う

146 手伝う

147 スキーをする

148 スケートをする

149 飛ぶ

150 起きる

151 学校へ行く

152 家へ帰る

153 宿題をする

154 テレビを見る

155 風呂に入る

156 ねる

c14 137	c14 141	c14 145	c14 149	c15 153
walk	see	buy	fly	do my homework

c14 138	c14 142	c14 146	c15 150	c15 154
run	sing	help	get up	watch TV

c14 139	c14 143	c14 147	c15 151	c15 155
jump	dance	ski	go to school	take a bath

c14 140	c14 144	c14 148	c15 152	c15 156
speak speak English で [英語を話す] だよ。	cook 「料理人」という意味も あるよ。	skate	go home	go to bed

この本のくわしい使い方

小学教科書ワークでは 教科書内容の学習 ・ 重要単語の練習 ・ 重要表現のまとめ の3つの柱で
小学校で習う英語を楽しくていねいに学習できます。ここではそれぞれの学習の流れを紹介します。

教科書内容の学習

① 基本のワーク アレック Alec先生

QRコードを読み取ると音声が
流れるよ！
リズムに合わせて楽しく練習！

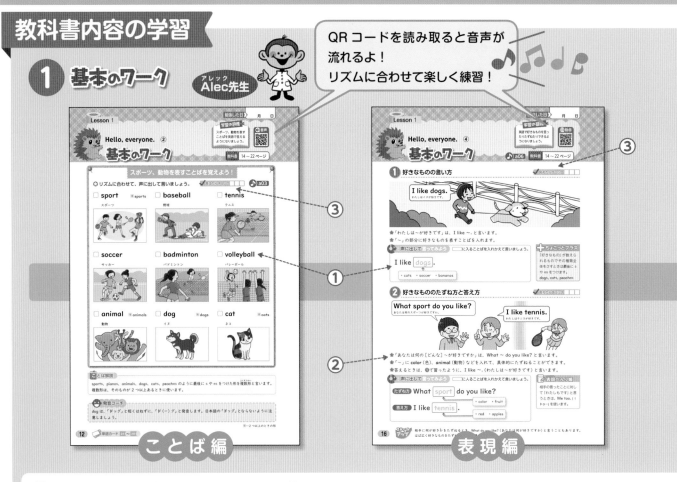

ことば編

表現編

① 新しく習う英語を音声に続いて大きな声で言おう。
- ● ことば編 では、その単元で学習する単語をリズムに合わせて音読するよ。
- ● 表現編 では、最初にふきだしの英語の音声を聞いて、その単元で学習する表現を確認するよ。
  次に「声に出して言ってみよう！」で のことばに入れかえてリズムに合わせて音読するよ。
② 新しく習う表現についての説明を読もう。
③ 声に出して言えたら、□にチェックをつけよう。

重要単語の練習

① わくわく英語カード

ことば編 の最後に、英語カード
の対応番号が書いてあるよ！

英語カード 24 ～ 28

② 英語練習ノート

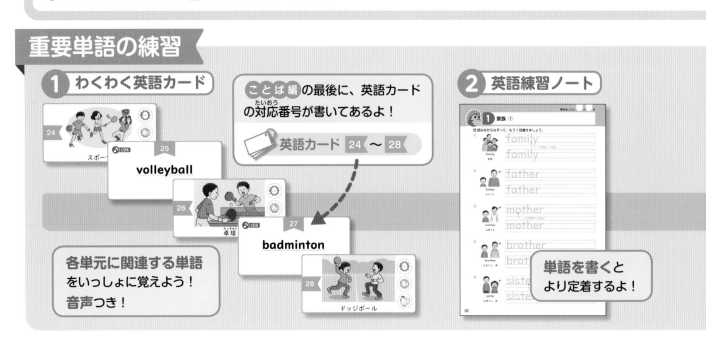

各単元に関連する単語
をいっしょに覚えよう！
音声つき！

単語を書くと
より定着するよ！

　※QRコードは（株）デンソーウェーブの登録商標です。

英語音声の再生方法は
5ページを見よう！

リョウ
Ryo

2 書いて練習のワーク　　**3** 聞いて練習のワーク　　**4** まとめのテスト

QR コードから問題の音声
が聞けるよ。

④
⑥
⑤
⑦
⑧

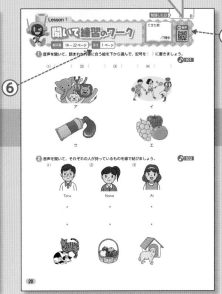

④新しく習ったことばや表現を書いて練習しよう。声に出して言いながら書くと効果的だよ。
⑤音声を聞いて問題に答えよう。聞きとれなかったら、もう一度聞いてもOK。
⑥解答集を見て答え合わせをしよう。読まれた音声も確認！
⑦確認問題にチャレンジ！問題をよく読もう。時間を計ってね。
⑧解答集を見て答え合わせをしよう。

3 単語リレー（実力判定テスト）やはつおん上達アプリおん達でアウトプット！

おん達ではつおん
練習ができるよ！

単語リレーで単語の
テストができるよ！

おん達の使い方・アクセス
コードは4ページを見よう！

ヒナ
Hina

重要表現のまとめ

動画で復習&アプリで練習!
重要表現まるっと整理

QRコードを読み取ると
わくわく動画が見られるよ!

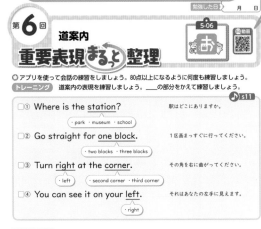

わくわく動画

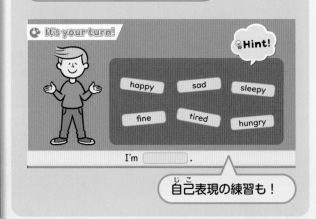

リズムに合わせて表現の復習!

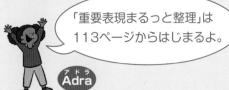

自己表現の練習も!

発音上達アプリおん達
にも対応しているよ。

「重要表現まるっと整理」は
113ページからはじまるよ。

Adra

最後にまとめとして使って
もよいし、日ごろの学習に
プラスしてもよいね!

Oliver

📱 アプリ・音声について

この本のふろくのすべてのアクセスコードは EKJCMF8a です。

⭐ 文理のはつおん上達アプリ　おん達

- 「重要表現まるっと整理」と「わくわく英語カード」の発話練習ができます。
- お手本の音声を聞いて、自分の発音をふきこむとAIが点数をつけます。
- 何度も練習し、高得点を目ざしましょう。
- 右のQRコードからダウンロードページへアクセスし、
  上記のアクセスコードを入力してください。
- アクセスコード入力時から15か月間ご利用になれます。
- 【推奨環境】スマートフォン、タブレット等(iOS11以上、Android8.0以上)

おん達
ダウンロード

※音声配信サービスおよび「おん達」は無料ですが、別途各通信会社の通信料がかかります。
※お客様のネット環境および端末によりご利用いただけない場合がございます。ご理解、ご了承いただきますよう、お願いいたします。

実力判定テスト

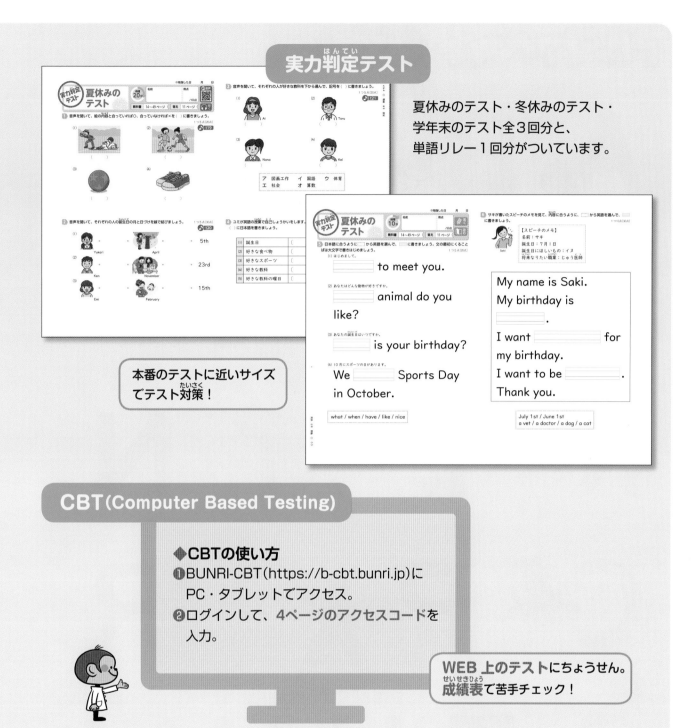

夏休みのテスト・冬休みのテスト・学年末のテスト全3回分と、単語リレー1回分がついています。

本番のテストに近いサイズでテスト対策！

CBT(Computer Based Testing)

◆CBTの使い方

❶BUNRI-CBT(https://b-cbt.bunri.jp)に
PC・タブレットでアクセス。

❷ログインして、4ページのアクセスコードを
入力。

WEB上のテストにちょうせん。
成績表で苦手チェック！

★ 英語音声の再生方法

● 英語音声があるものには ♪a01 がついています。音声は以下の3つの方法で再生することができます。

①QRコードを読み取る：
各単元の冒頭についている音声QRコードを読み取ってください。

②音声配信サービスonhaiから再生する：
WEBサイト https://listening.bunri.co.jp/へアクセスしてください。

③音声をダウンロードする：
文理ホームページよりダウンロードも可能です。
URL　https://portal.bunri.jp/b-desk/ekjcmf8a.html
②・③では4ページのアクセスコードを入力してください。

A B C D E

F G H I J

K L M N

O P Q R

S T U V W

X Y Z

★ リズムに合わせて、声に出して言いましょう。　✓ 言えたらチェック □□□

🔊音声　♪a01

a b c d e

f g h i j

k l m n

o p q r

s t u v w

x y z

7

アルファベットを書こう

⭐ 読みながらなぞって、もう1回書きましょう。

※書き順は一つの例です。

大文字

がんばって！

8

小文字

a a	b b	c c
d d	e e	f f
g g	h h	i i
j j	k k	l l
m m	n n	o o
p p	q q	r r
s s	t t	u u
v v	w w	x x
y y	z z	 全部書けた かな？

9

Hello, everyone. ①

学習の目標
はじめて会ったときの
あいさつを英語で言え
るようになりましょう。

🔊音声

基本のワーク

♪ a02　教科書　14〜22 ページ

① はじめて会ったときのあいさつのしかた

✅言えたらチェック ☐☐☐

Nice to meet you.
はじめまして。

Nice to meet you too.
こちらこそ、はじめまして。

❋「はじめまして」は、Nice to meet you. と言います。

❋相手から言われたときは、Nice to meet you too.（こちらこそ、はじめまして）と応じます。

🔘 声に出して言ってみよう　次の英語を言いましょう。

Nice to meet you.

― Nice to meet you too.

📝 表現べんり帳

相手の名前のつづりを知り
たいときは How do you
spell your name? ［ハ ウ
ドゥ ユ スペル ユア ネイム］（あ
なたの名前はどうつづりま
すか）と言います。

② 自分の名前の言い方

✅言えたらチェック ☐☐☐

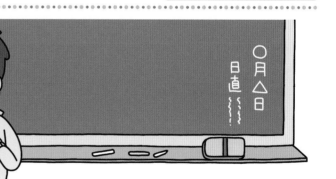

My name is
Mori Kento.
わたしの名前は森 健斗です。

❋自分の名前を言うときは、My name is 〜.（わたしの名前は〜です）と言います。

❋「〜」に自分の名前を入れて言います。

🔘 声に出して言ってみよう　☐に入ることばを入れかえて言いましょう。

My name is Mori Kento .

・Oda Yuri　・Sano Eita

📝 表現べんり帳

自己しょうかいをするとき
は、I'm 〜.［アイム］（わた
しは〜です）と言うこと
もあります。

ステップ
アップ

英語では、自分の名前を言うときは名前・姓の順に言います。日本人が英語で言う場合は、日本語と同じように
姓・名前の順に言う言い方と、名前・姓の順に言う言い方があります。

☆ 読みながらなぞって、もう1〜2回書きましょう。

Nice to meet you.

　　　　　　　　　　　　　　　　　　　　はじめまして。

Nice to meet you too.

　　　　　　　　　　　　　　　　こちらこそ、はじめまして。

How do you spell your name?

　　　　　　　　　　　　　あなたの名前はどうつづりますか。

My name is　　　　　　　　　　　　　.

　　　　　　　　　　　　わたしの名前は（自分の名前）です。

I'm　　　　　　　　　　　　　　　　.

　　　　　　　　　　　　わたしは（自分の名前）です。

 英語のトビラ 　姓は last name[ラスト ネイム]、名前（名）は first name[ファースト ネイム]と言うよ。

勉強した日 ▶ 　　月　　日

学習の目標・
スポーツ、動物を表す
ことばを英語で言える
ようになりましょう。

🔊 音声

Hello, everyone. ②

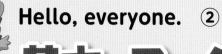

教科書 14 ～ 22 ページ

スポーツ、動物を表すことばを覚えよう！

⭐ リズムに合わせて、声に出して言いましょう。　✓ 言えたらチェック ☐☐☐　♪ a03

☐ **sport** 　複 sports

スポーツ

☐ **baseball**

野球

☐ **tennis**

テニス

☐ **soccer**

サッカー

☐ **badminton**

バドミントン

☐ **volleyball**

バレーボール

☐ **animal** 　複 animals

動物

☐ **dog** 　複 dogs

イヌ

☐ **cat** 　複 cats

ネコ

🗒 ことば解説

sports、pianos、animals、dogs、cats、peaches のように最後に s や es をつけた形を複数形と言います。複数形は、そのものが 2 つ以上あるときに使います。

😀 発音コーチ

dog は、「ドッグ」と短くはねずに、「ド（ー）グ」と発音します。日本語の「ドッグ」とならないように注意しましょう。

複…2 つ以上のときの形

書いて練習のワーク

⭐ 読みながらなぞって、何回か書きましょう。

sport

スポーツ

baseball

野球

tennis

テニス

soccer

サッカー

badminton

バドミントン

volleyball

バレーボール

animal

動物

dog

イヌ

cat

ネコ

聞く
話す
読む
書く

英語の
トビラ
「サッカー」は、アメリカでは soccer と言うけど、イギリスではふつう football[フトゥボール] と言うよ。
アメリカで football と言うと、ふつうアメリカンフットボールのことをさすよ。

13

Hello, everyone. ③

学習の目標・
野菜と果物、身の回りの
もの、色を表す英語を言
えるようになりましょう。

音声

教科書 14 ～ 22 ページ

野菜と果物、身の回りのもの、色を表す語を覚えよう！

⭐ リズムに合わせて、声に出して言いましょう。　✓言えたらチェック □□□　♪a04

☐ **apple**　[複]apples
リンゴ

☐ **banana**　[複]bananas
バナナ

☐ **tomato**　[複]tomatoes
トマト

☐ **ball**　[複]balls
ボール

☐ **bag**　[複]bags
かばん

☐ **shirt**　[複]shirts
シャツ

☐ **red**
赤色

☐ **blue**
青色

☐ **yellow**
黄色

Word ワードボックス　♪a05

☐ fruit(s)　果物　　☐ peach(es)　モモ　　☐ orange(s)　オレンジ　　☐ color(s)　色
☐ orange　オレンジ色　　☐ white　白色　　☐ green　緑色　　☐ pink　ピンク色　　☐ new　新しい

😀 発音コーチ

強く読むところが日本語（外来語）での読み方と異なるものに気をつけましょう。
banana　　　orange　　　tomato　　　potato　　　※赤字のところが強く読むところです。

[複]…２つ以上のときの形

書いて練習のワーク

☆ 読みながらなぞって、2回書きましょう。

apple

リンゴ

banana

バナナ

tomato

トマト

ball

ボール

bag

かばん

shirt

シャツ

red

赤色

blue

青色

🎧 聞く
🎤 話す
📖 読む
✏ 書く

yellow

黄色

 英語の トビラ　英語でにじの色は red、orange、yellow、green、blue、indigo［インディゴウ］（あい色）、violet［ヴァイオレト］（すみれ色）の7色。アメリカでは indigo をのぞいて6色とすることも多いよ。

15

Hello, everyone.　④

基本のワーク

① 好きなものの言い方

✓ 言えたらチェック □□□

I like dogs.
わたしはイヌが好きです。

✿「わたしは〜が好きです」は、I like 〜. と言います。

✿「〜」の部分に好きなものを表すことばを入れます。

🔊 声に出して言ってみよう 　□に入ることばを入れかえて言いましょう。

I like [dogs].
↑
• cats　• soccer　• bananas

➕ ちょこっとプラス

「好きなもの」が数えられるもので、その種類全体をさすときは、最後にs や es をつけます。
dogs, cats, peaches

② 好きなもののたずね方と答え方

✓ 言えたらチェック □□□

What sport do you like?
あなたは何のスポーツが好きですか。

I like tennis.
わたしはテニスが好きです。

✿「あなたは何の［どんな］〜が好きですか」は、What 〜 do you like? と言います。

✿「〜」に color（色）、animal（動物）などを入れて、具体的にたずねることができます。

✿答えるときは、❶で習ったように、I like 〜.（わたしは〜が好きです）と言います。

🔊 声に出して言ってみよう 　□に入ることばを入れかえて言いましょう。

たずね方 What [sport] do you like?
↑
• color　• fruit

答え方 I like [tennis].
↑
• red　• apples

📝 表現べんり帳

相手の言ったことに対して「わたしもです」と言うときは、Me too.［ミ トゥー］を使います。

ステップ アップ 相手に何が好きかをたずねるとき、What do you like?（あなたは何が好きですか）と言うこともあります。はば広く好きなものをたずねたいときに使います。

書いて練習のワーク

⭐ 読みながらなぞって、もう1回書きましょう。

I like dogs.

わたしはイヌが好きです。

What sport do you like?

あなたは何のスポーツが好きですか。

I like tennis.

わたしはテニスが好きです。

What color do you like?

あなたは何色が好きですか。

I like red.

わたしは赤色が好きです。

聞く
話す
読む
書く

 英語のトビラ　like には「〜を気に入っている」という意味もあるよ。I like it. は「わたしはそれが好きです」という意味にもなるし、「わたしはそれを気に入っています」という意味にもなるよ。

Hello, everyone. ⑤

基本のワーク

① ほしいものの言い方

☑ 言えたらチェック ☐☐☐

I want a shirt.
わたしはシャツがほしいです。

❋ 「わたしは〜がほしいです」は、I want 〜. と言います。

❋ 「〜」にほしいものを表すことばを入れます。

🔊 声に出して言ってみよう　☐に入ることばを入れかえて言いましょう。

I want ｜a shirt｜.

・a ball　・a bag　・a cat

➕ ちょこっとプラス

「あなたは〜がほしいですか」は、Do you want 〜? と言います。答えるときは、Yes か No で答えます。
例 Do you want a shirt?
— No, I don't.

② ほしいもののたずね方と答え方

☑ 言えたらチェック ☐☐☐

What do you want?
あなたは何がほしいですか。

I want a new ball.
わたしは新しいボールがほしいです。

❋ ほしいものをたずねるときは、What do you want?（あなたは何がほしいですか）と言います。

❋ 答えるときは、①で習ったように、I want 〜. と言います。

🔊 声に出して言ってみよう　☐に入ることばを入れかえて言いましょう。

たずね方 What do you want?
答え方 I want ｜a new ball｜.

・a new bag　・a white dog　・red shoes

📝 表現べんり帳

ものの様子を表すことばはふつう、数→大きさ→新しい・古い→色の順に置きます。
例 a new red bag
（新しい赤いかばん）

ステップアップ　Do you want 〜? は最後を上げて（↗）言います。What 〜? のように What で始まる文はふつう最後を下げて（↘）言います。

書いて練習のワーク

☆読みながらなぞって、もう1回書きましょう。

I want a shirt.

わたしはシャツがほしいです。

I want a cat.

わたしはネコがほしいです。

What do you want?

あなたは何がほしいですか。

I want a new ball.

わたしは新しいボールがほしいです。

I want a white dog.

わたしは白いイヌがほしいです。

聞く
話す
読む
書く

 「〜がほしい」と伝えるとき、I want 〜. のかわりに I'd like ［アイド　ライク］〜. を使うとていねいな言い方になるよ（I'd は I would ［アイ ウド］ を短くした言い方）。　例　I'd like three lemons. （わたしはレモンが3個ほしいです）

19

聞いて練習のワーク

勉強した日 ▶ 　月　　日

できた数
／7問中

🔲音声

教科書 14〜22ページ　　答え 1ページ

1 音声を聞いて、読まれた内容に合う絵を下から選んで、記号を（　）に書きましょう。

♪ t01

(1) (　　　)　(2) (　　　)　(3) (　　　)　(4) (　　　)

ア

イ

ウ

エ

2 音声を聞いて、それぞれの人がほしいものを線で結びましょう。

♪ t02

(1)

Toru

(2)

Nana

(3)

Ai

・　　　　　　　　　・　　　　　　　　　・

・　　　　　　　　　・　　　　　　　　　・

まとめのテスト

Hello, everyone.

勉強した日 　月　日

得点

/50点

教科書 14〜22ページ　答え 1ページ

時間 20分

1 英語の意味を表す日本語を　　から選んで、（　）に書きましょう。　　　1つ4点〔20点〕

(1) soccer 　　　　　（　　　　　　　　）

(2) tennis 　　　　　（　　　　　　　　）

(3) tomato 　　　　　（　　　　　　　　）

(4) dog 　　　　　（　　　　　　　　）

(5) bag 　　　　　（　　　　　　　　）

テニス　　サッカー　　イヌ　　トマト　　かばん

2 日本語の意味を表す英語の文を　　から選んで、　　に書きましょう。　　　1つ10点〔30点〕

(1) はじめまして。

(2) あなたは何色が好きですか。

(3) あなたは何の果物が好きですか。

What color do you like? / What fruit do you like? / Nice to meet you.

聞く
話す
読む
書く

21

リーディング レッスン

教科書　23 ページ　　答え　2 ページ

⭐ 次の英語の文を３回読みましょう。

✓ 言えたらチェック ☐ ☐ ☐

Let's find something new.

Kai:　Hello, everyone.　I'm Kai.

Sun:　I'm Sun.

Kai:　I like sports.

Sun:　I like traveling.

　　　Let's go around Japan.

　　　Let's find something new.

traveling：旅行すること　　Let's 〜.：〜しましょう。　　go around 〜：〜をまわる

Japan：日本　　find：見つける　　something new：何か新しいもの

Question

文章の内容について、次の質問に答えましょう。

(1) カイ（Kai）が好きなものを左ページに示された英語1語で　　　に書きましょう。

(2) サン（Sun）が好きなものを日本語で（　）に書きましょう。

（　　　　　　　　　　　　）

(3) 内容に合う文となるように、（　）に日本語を書きましょう。

サンは（　　　　　　　　　　　　　　　　　）をまわって何か新しいものを見つけよう

と言っています。

⭐ 英文をなぞって書きましょう。

Hello, everyone.

I like sports.

I like traveling.

Let's go around Japan.

Let's find something new.

勉強した日 ▶ 　月　日

学習の目標
月の名前を表すことば
を英語で言えるように
なりましょう。

🔊音声

When is your special day? ①

基本のワーク

教科書 24〜32ページ

月の名前を表すことばを覚えよう！

⭐ リズムに合わせて、声に出して言いましょう。　✓ 言えたらチェック □□□　♪ a08

☐ **January**

1月

☐ **February**

2月

☐ **March**

3月

☐ **April**

4月

☐ **May**

5月

☐ **June**

6月

☐ **July**

7月

☐ **August**

8月

☐ **September**

9月

☐ **October**

10月

☐ **November**

11月

☐ **December**

12月

書いて練習のワーク

☆ 読みながらなぞって、もう1～2回書きましょう。

January

1月

February

2月

March　　　　April

3月　　　　　　　　4月

May　　　　June

5月　　　　　　　　6月

July　　　　August

7月　　　　　　　　8月

September

9月

October

10月

November

11月

December

12月

 月の名前は略して書くこともあるよ。January → Jan.　February → Feb.　March → Mar.　April → Apr.　May はなし、June → Jun.　July → Jul.　August → Aug.　September → Sep.　October → Oct.　November → Nov.　December → Dec.

聞く
話す
読む
書く

学習の目標
祝日や行事、動作を表すことばを英語で言えるようになりましょう。

♪音声

When is your special day? ②

基本のワーク

教科書 24 ～ 32 ページ

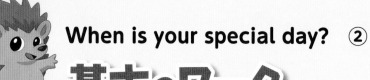

祝日や行事、動作①を表す言葉を覚えよう！

⭐ リズムに合わせて、声に出して言いましょう。　✔言えたらチェック □□□　♪a09

□ **New Year's Day**

元日

□ **Doll Festival**

ひなまつり

□ **Children's Day**

こどもの日

□ **Star Festival**

七夕

□ **Sports Day**

スポーツの日

□ **New Year's Eve**

大みそか

□ **eat**

食べる

□ **see**

見る、見える

□ **enjoy**

楽しむ

ワードボックス

♪a10

□ festival(s) 祭り　□ fireworks 花火　□ go 行く　□ have 持っている、食べる
□ spring 春　□ summer 夏　□ autumn / fall 秋　□ winter 冬

😊 発音コーチ

see「見る」と sea「海」は、つづりはちがいますが発音は同じです（[スィー]）。ほかにも、つづりがちがうことばで発音が同じものに son「息子」と sun「太陽」（[サン]）などがあります。

書いて練習のワーク

★ 読みながらなぞって書きましょう。

New Year's Day

元日

Doll Festival

ひなまつり

Children's Day

こどもの日

Star Festival

七夕

Sports Day

スポーツの日

New Year's Eve

大みそか

eat

食べる

see

見る、見える

enjoy

楽しむ

 英語のトビラ アメリカでは日本のように全国いっせいに正月をむかえるわけではないよ。時差があって、東海岸の方から新年をむかえるよ。いちばんおそく新年をむかえるハワイは日本の新年から19時間後だよ。

27

学習の目標・
日づけや誕生日を英語で言えるようになりましょう。

音声

When is your special day? ③

基本のワーク

♪a11　教科書 24〜32ページ

1 日づけの言い方

✓言えたらチェック □□□

1st

			7			
Sun.	Mon.	Tue.	Wed.	Thu.	Fri.	Sat.
	1st	2nd	3rd	4th	5th	6th
7th	8th	9th	10th	11th	12th	13th
14th	15th	16th	17th	18th	19th	20th
21st	22nd	23rd	24th	25th	26th	27th
28th	29th	30th	31st			

2nd, 3rd

❀ 日づけの「〜日」と言うときは、「〜番目」という言い方を使います。

❀ 「1番目」は first、「2番目」は second、「3番目」は third と言います。4番目よりあとは、数の言い方に th をつけます。ただし、**21st**、**22nd**、**23rd**、**31st** は例外です。

🔊 声に出して言ってみよう　次の英語を言いましょう。

first（1番目）、second（2番目）、third（3番目）、fourth（4番目）、fifth（5番目）、sixth（6番目）、seventh（7番目）、eighth（8番目）、ninth（9番目）、tenth（10番目）、eleventh（11番目）、twelfth（12番目）、thirteenth（13番目）…、twentieth（20番目）、twenty-first（21番目）、twenty-second（22番目）、twenty-third（23番目）… thirtieth（30番目）、thirty-first（31番目）

➕ ちょこっとプラス

順序を表す数を序数と言い、日づけにも使います。序数は、1st、2nd、3rd、4th、5th…のように表すこともあります。

2 誕生日のたずね方と答え方

✓言えたらチェック □□□

When is your birthday?
あなたの誕生日はいつですか。

My birthday is July 4th.
わたしの誕生日は7月4日です。

❀ 「あなたの誕生日はいつですか」は、When is your birthday? と言います。

❀ 「わたしの誕生日は〜です」は、My birthday is 〜. と言います。

❀ 「〜」には〈月〉〈日づけ〉の順で入れて誕生日を表します。

🔊 声に出して言ってみよう　　□に入ることばを入れかえて言いましょう。

たずね方 **When is your birthday?**

答え方 **My birthday is** │July 4th│.
↑
・January 1st　・April 12th　・September 23rd

📒 表現べんり帳

when は「いつ」という意味で、時をたずねるときに使います。

<u>When</u> is your special day?（あなたの特別な日は<u>いつ</u>ですか）

ステップアップ　「〜の誕生日はいつですか」は、When is 〜's birthday? と言います。
例　When is Yumi's birthday?（ユミの誕生日はいつですか）

書いて練習のワーク

⭐ 読みながらなぞって書きましょう。

first	second
1番目	2番目

third	fourth
3番目	4番目

fifth	eleventh
5番目	11番目

twelfth	twentieth
12番目	20番目

twenty-first

21番目

When is your birthday?

あなたの誕生日はいつですか。

My birthday is July 4th.

わたしの誕生日は7月4日です。

My birthday is January 1st.

わたしの誕生日は1月1日です。

聞く
話す
読む
書く

英語のトビラ 年月日の書き方はアメリカとイギリスでちがうよ。たとえば2025年5月5日は、アメリカではMay 5, 2025（月、日の順）と書き、イギリスでは5(th) May 2025（日、月の順）と書くよ。

When is your special day? ④

基本のワーク

学習の目標・
英語で年中行事やその日にすることを言えるようになりましょう。

音声

♪a12 | 教科書 24 ～ 32 ページ

① 年中行事の説明の言い方

☑言えたらチェック □□□

We have Doll Festival in March.
3月にひなまつりがあります。

❀「―（行事など）があります」は、We have ～. と言います。

❀「（～月）に」と行事などがある月のことは、〈in ～（月の名前）〉と言います。

🔊 声に出して 言ってみよう ⬚に入ることばを入れかえて言いましょう。

We have [Doll Festival] in [March].
　　　　　　　↑　　　　　　　　↑
　・Children's Day　・Star Festival　　・May　・July

➕ ちょこっとプラス
on は曜日や日づけの前に置いて、「―曜日に」「―月…日に」という意味を表します。

② 年中行事ですることの言い方

☑言えたらチェック □□□

1月
1
元日

We eat *osechi* on New Year's Day.
元日におせち料理を食べます。

❀「～（年中行事）に」と言うときは、〈on ～（年中行事の名前）〉で表します。

🔊 声に出して 言ってみよう ⬚に入ることばを入れかえて言いましょう。

We eat [*osechi*] on [New Year's Day].
　　　　　↑　　　　　　　　↑
　・*soba*　・*chirashizushi*　　・New Year's Eve　・Doll Festival

📖 表現べんり帳
New Year's は「新年の」という意味です。ものや人の名前のあとに 's をつけると「―の」という意味になります。例 Tom's bike（トムの自転車）

ステップアップ　festival にはクリスマスやイースターのような「祭り、祝い」をさすほかに、「定期的な文化行事」の意味もあります。この意味の festival は、映画祭や音楽祭のような催しを表します。

☆ 読みながらなぞって、もう1回書きましょう。

We have Doll Festival in March.

3月にひなまつりがあります。

We have Children's Day in May.

5月にこどもの日があります。

We have Star Festival in July.

7月に七夕があります。

We eat osechi on New Year's Day.

元日におせち料理を食べます。

We eat soba on New Year's Eve.

大みそかにそばを食べます。

聞く
話す
読む
書く

 英語のトビラ アメリカでは大みそかの夜はパーティーを開いたり、教会へ行ったりします。午前0時が近づくとカウントダウンをします。1月1日はゆっくり過ごし、2日か3日には学校や仕事が始まります。

勉強した日 〉 月 日

できた数

/14問中

1 音声を聞いて、絵の内容（ないよう）と合っていれば〇、合っていなければ×を（ ）に書きましょう。

♪ t03

(1)

3月3日

( )

(2)

4月2日

( )

(3)

6月24日

( )

(4)

12月6日

( )

2 音声を聞いて、それぞれの人の特別な日とその日にすることを、（ ）に日本語で書いて表を完成させましょう。

♪ t04

		特別な日	すること
(1)	Yumi	( )	( )
(2)	Ryo	( )	( )
(3)	Eri	( )	( )
(4)	Ken	( )	( )
(5)	Misa	( )	( )

When is your special day?

得点

/50点

時間 20分

教科書 24〜32 ページ 　答え 3 ページ

1 日づけを表す英語を線で結びましょう。 1つ6点〔30点〕

(1) 4月30日 ・ ・ January third

(2) 8月22日 ・ ・ May first

(3) 1月3日 ・ ・ December ninth

(4) 12月9日 ・ ・ April thirtieth

(5) 5月1日 ・ ・ August twenty-second

2 日本語の意味に合うように、（ ）の中から正しいほうを選んで、◯で囲みましょう。
1つ5点〔20点〕

(1) あなたの誕生日はいつですか。

When is (my / your) birthday?

(2) 〔(1)に答えて〕わたしの誕生日は7月11日です。

(My / Your) birthday is July 11th.

(3) 10月にスポーツの日があります。

We have Sports Day in (October / November).

(4) 大みそかにそばを食べます。

We eat *soba* on (New Year's Day / New Year's Eve).

リーディング レッスン

⭐次の英語の文を3回読みましょう。

✓言えたらチェック □□□

I want something special.

Kai:　Sun, when is your birthday?

Sun: My birthday is May 12th.

Kai:　What do you want for your birthday?

Sun: I want something special.

Kai:　You want something special?

　　　A hint, please.

for your birthday：あなたの誕生日に　　something special：何か特別なもの
hint：ヒント　　　〜, please.：どうぞ（どうか）〜。

34

Question

できた数
/3問中

文章の内容(ないよう)について、次の質問(しつもん)に答えましょう。

(1) カイは最初にサンに何をたずねていますか。(　)に日本語を書きましょう。

サンの（　　　　　　　　　　）

(2) サンの誕生日を左ページに示(しめ)された英語で□に書きましょう。

(3) サンは誕生日に何がほしいと言っていますか。(　)に日本語を書きましょう。

何か（　　　　　　　　　　）もの

英文をなぞって書きましょう。

When is your birthday?

My birthday is May 12th.

What do you want for

your birthday?

I want something special.

聞く
話す
読む
書く

What do you have on Mondays? ①

学習の目標・
教科を表すことばを英語で言えるようになりましょう。

 音声

基本のワーク

教科書 34〜42ページ

教科を表すことばを覚えよう！

⭐ リズムに合わせて、声に出して言いましょう。

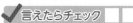 言えたらチェック ☐☐☐

♪ a13

☐ **English**

英語

☐ **Japanese**

国語

☐ **math**

算数

☐ **science**

理科

☐ **social studies**

社会

☐ **P.E.**

体育

☐ **music**

音楽

☐ **arts and crafts**

図画工作

☐ **home economics**

家庭科

Word ワードボックス

♪ a14

☐ subject(s)　教科　　☐ moral education　道徳　　☐ class activities　学級活動
☐ the period for integrated studies　そうごうてきな学習の時間　　☐ calligraphy　書写

ことば解説

P.E. は、physical education［フィズィカル エヂュケイション］を短くした言い方です。physical は「身体の」、education は「教育」という意味です。

書いて練習のワーク

⭐ 読みながらなぞって、もう1～2回書きましょう。

English

英語

Japanese

国語

math

算数

science

理科

social studies

社会

P.E.

体育

music

音楽

arts and crafts

図画工作

home economics

家庭科

聞く
話す
読む
書く

 英語のトビラ Japanese には「日本語」という意味もあるよ。日本では、国語は日本語を勉強する教科だから、「国語」＝Japanese と言うんだよ。

What do you have on Mondays? ②

基本のワーク

学習の目標
好きな教科を英語でたずねることができるようになりましょう。

音声

♪ a15　教科書 34〜42ページ

1 教科が好きかどうかのたずね方と答え方

✔言えたらチェック □□□

I like English.
Do you like English?
わたしは英語が好きです。
あなたは英語が好きですか。

Yes, I do.
はい、好きです。

�֍「あなたは〜が好きですか」は Do you like 〜? と言います。

�֍「はい、好きです」は Yes, I do. と言います。

声に出して言ってみよう　□に入ることばを入れかえて言いましょう。

たずね方 Do you like English ?

・social studies　・P.E.　・arts and crafts

答え方 Yes, I do. / No, I don't.

表現べんり帳
Do you 〜?（あなたは〜しますか）の文に答えるときは、Yes, I do.（はい、します）/ No, I don't.（いいえ、しません）と言います。

2 好きな教科のたずね方と答え方

✔言えたらチェック □□□

What subject do you like?
あなたは何の教科が好きですか。

I like music.
わたしは音楽が好きです。

✖「あなたは何の教科が好きですか」は、What subject do you like? と言います。

✖「わたしは〜が好きです」は、I like 〜. と言います。「〜」に好きな教科がきます。

声に出して言ってみよう　□に入ることばを入れかえて言いましょう。

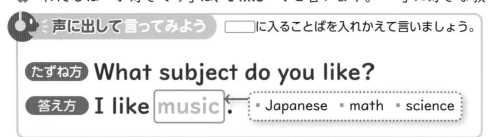

たずね方 What subject do you like?

答え方 I like music .

・Japanese　・math　・science

思い出そう
What 〜 do you like?
「あなたは何の〜が好きですか」という意味です。「〜」に subject（教科）を入れてたずねています。

「わたしは〜が大好きです」は very much［ヴェリ マッチ］を最後に置いて、I like 〜 very much. と言います。
例　I like music very much.（わたしは音楽が大好きです）

☆読みながらなぞって、もう1回書きましょう。

I like English.

わたしは英語が好きです。

Do you like English?

あなたは英語が好きですか。

Yes, I do.

はい、好きです。

No, I don't.

いいえ、好きではありません。

What subject do you like?

あなたは何の教科が好きですか。

I like music.

わたしは音楽が好きです。

I like math.

わたしは算数が好きです。

聞く
話す
読む
書く

英語の
トビラ
math は mathematics［マセマティクス］を短くした言い方だよ。math の th は舌の先を前歯でかむようにし、そのすき間から「ス」と息だけを出して発音するよ。

What do you have on Mondays? ③

基本のワーク

曜日を表すことばを覚えよう！

⭐ リズムに合わせて、声に出して言いましょう。　✓言えたらチェック □ □ □ ♪a16

☐ **Monday**

月曜日　　　　複 Mondays

☐ **Tuesday**

火曜日　　　　複 Tuesdays

☐ **Wednesday**

水曜日　　　　複 Wednesdays

☐ **Thursday**

木曜日　　　　複 Thursdays

☐ **Friday**

金曜日　　　　複 Fridays

☐ **Saturday**

土曜日　　　　複 Saturdays

☐ **Sunday**

日曜日　　　　複 Sundays

☐ **week**

週　　　　複 weeks

曜日の最後は -day だよ。

ことば解説

曜日を表すことばは、文の中のどこであっても最初の文字は必ず大文字です。また、アメリカでは週の始まりを日曜日とすることが多いです。

発音コーチ

Wednesday の最初の d は発音しないので注意しましょう。Thursday の th は舌(した)の先を上の歯に軽く当てながら発音します。音声をよく聞いて、まねて言いましょう。

複…2つ以上のときの形

書いて練習のワーク

★ 読みながらなぞって、もう1〜2回書きましょう。

Monday

月曜日

Tuesday

火曜日

Wednesday

水曜日

Thursday

木曜日

Friday

金曜日

Saturday

土曜日

Sunday

日曜日

week

週

 英語のトビラ 曜日はカレンダーなどで略して表されることがあるよ。Sunday=Sun.　Monday=Mon.　Tuesday=Tue.
Wednesday=Wed.　Thursday=Thu.　Friday=Fri.　Saturday=Sat.

41

勉強した日 ▶ 　月　　日

What do you have on Mondays? ④

学習の目標
職業を表すことばを英語で言えるようになりましょう。

 音声

基本のワーク

教科書 34 〜 42 ページ

職業①を表すことばを覚えよう！

⭐ リズムに合わせて、声に出して言いましょう。　　✓ 言えたらチェック ☐☐☐　♪ a17

☐ **baseball player**

野球選手 複 baseball players

☐ **soccer player**

サッカー選手 複 soccer players

☐ **teacher**

先生　　　　複 teachers

☐ **doctor**

医師　　　　複 doctors

☐ **vet**

じゅう医師　　複 vets

☐ **astronaut**

宇宙飛行士 複 astronauts

☐ **artist**

芸術家　　複 artists

☐ **musician**

音楽家　　複 musicians

☐ **game creator**

複 game creators
ゲームクリエイター

ワードボックス

♪ a18

☐ baker(s)　パン屋、パン職人　　☐ cook(s)　コック、料理人　　☐ dentist(s)　歯医者　　☐ farmer(s)　農家

☐ nurse(s)　看護師　　☐ pastry chef(s)　菓子職人　　☐ pilot(s)　パイロット　　☐ programmer(s)　プログラマー

ことば解説

職業を表すことばは er や ist で終わるものが多いです。

baker　　teacher　　farmer　　singer（歌手）　　scientist（科学者）　　artist　　florist（花屋〈人〉）

複…2人以上のときの形

 英語カード 84 〜 98

☆ 読みながらなぞって、もう1～2回書きましょう。

baseball player

野球選手

soccer player

サッカー選手

teacher

先生

doctor

医師

vet

じゅう医師

astronaut

宇宙飛行士

artist

芸術家

musician

音楽家

game creator

ゲームクリエイター

 player には「選手」という意味があるよ。ほかにも tennis player（テニス選手）などがあるよ。

聞く
話す
読む
書く

What do you have on Mondays? ⑤

基本のワーク

① ある曜日の時間割のたずね方と答え方

✔ 言えたらチェック □□□

What do you have on Tuesdays?
あなたは、火曜日に何（の授業）がありますか。

I have Japanese, math, and music.
わたしは、国語、算数、そして音楽があります。

✽ 「あなたは〜曜日に何（の授業）がありますか」は、**What do you have on 〜?** と言います。

✽ 「〜曜日に」は〈on＋曜日〉で表します。曜日に s をつけると、「毎週〜曜日」を表します。

声に出して言ってみよう　□に入ることばを入れかえて言いましょう。

たずね方 **What do you have on** Tuesdays **?**

　・Wednesdays　・Thursdays　・Fridays

答え方 **I have Japanese, math, and music.**

➕ ちょこっとプラス

3つ以上のものをならべて表すときは、A, B, C, and D のように、カンマ(,) で区切りながら表して、最後のものの前に and を置きます。

② つきたい職業の言い方

✔ 言えたらチェック □□□

I want to be a teacher.
わたしは先生になりたいです。

✽ 「わたしは〜になりたいです」は、**I want to be 〜.** と言います。

✽ 「〜」には、職業名を入れて言います。

声に出して言ってみよう　□に入ることばを入れかえて言いましょう。

I want to be a teacher **.**

　・a vet　・a soccer player　・a nurse

📝 表現べんり帳

つきたい職業を言うとき、in the future [イン ザ フューチァ]（将来は）をつけることもあるよ。
I want to be a teacher in the future.

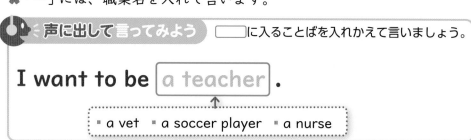

ステップアップ　「あなたは何になりたいですか」とつきたい職業をたずねるときは、What do you want to be? と言います。

書いて練習のワーク

☆ 読みながらなぞって、書きましょう。

What do you have on Tuesdays?

あなたは、火曜日に何（の授業）がありますか。

I have Japanese, math, and music.

わたしは、国語、算数、そして音楽があります。

I want to be a teacher.

わたしは先生になりたいです。

I want to be a vet.

わたしはじゅう医師になりたいです。

聞く
話す
読む
書く

I want to be a soccer player.

わたしはサッカー選手になりたいです。

 英語で「鈴木先生」とよぶとき、Teacher Suzuki や Suzuki Teacher とは言いません。男性には Mr.［ミスタァ］、女性には Ms.［ミズ］をつけて、Mr. Suzuki や Ms. Suzuki と言います。

45

聞いて練習のワーク

教科書　34〜42ページ　　答え　3ページ

1⃣ 音声を聞いて、絵の内容と合っていれば○、合っていなければ×を（　）に書きましょう。

♪t05

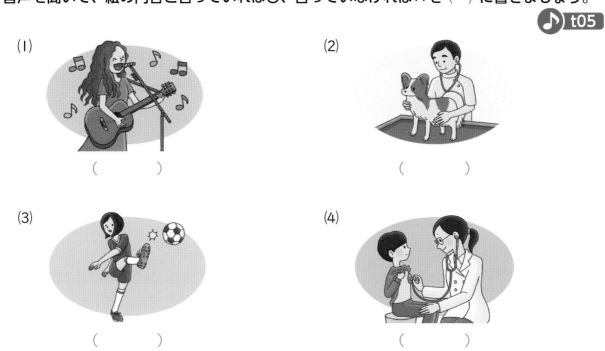

(1)　（　　　）

(2)　（　　　）

(3)　（　　　）

(4)　（　　　）

2⃣ 音声を聞いて、それぞれの人が好きな教科を線で結びましょう。　♪t06

(1) Yukari　(2) Ken　(3) Emi　(4) Taku

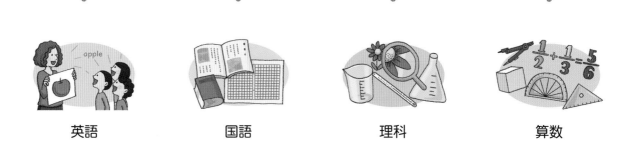

英語　　国語　　理科　　算数

まとめのテスト

What do you have on Mondays?

勉強した日　月　日

得点　　/50点

教科書　34〜42ページ　答え　4ページ

時間 20分

1 英語の意味を表す日本語を┊┈┊から選んで、（　）に書きましょう。　1つ6点〔30点〕

(1) Saturday （　　　　　　　　）

(2) Wednesday （　　　　　　　　）

(3) Friday （　　　　　　　　）

(4) Tuesday （　　　　　　　　）

(5) Sunday （　　　　　　　　）

┌─────────────────────────────┐
│ 火曜日　　水曜日　　木曜日　　金曜日　　土曜日　　日曜日 │
└─────────────────────────────┘

2 右下のシュンの書いたメモを見て、シュンになったつもりで質問に合う答えの英語の文を┊┈┊から選んで、▭に書きましょう。　1つ10点〔20点〕

(1) What do you have today?

＿＿＿＿＿＿＿＿＿＿＿＿＿＿＿＿＿＿＿＿＿＿＿＿＿＿

(2) What do you have on Mondays?

＿＿＿＿＿＿＿＿＿＿＿＿＿＿＿＿＿＿＿＿＿＿＿＿＿＿

┌────────────────────────┐
│ I have social studies.　│
│ I have arts and crafts. │
│ I have P.E. and music.　│
└────────────────────────┘

┌──────────────┐
│ シュンのメモ　　　│
│ 【今日の時間割】　│
│ 　社会がある。　　│
│ 【月曜日の時間割】│
│ 　体育と音楽がある。│
└──────────────┘

聞く　話す　読む　書く

リーディング レッスン

教科書 43 ページ　答え 4 ページ

⭐ 次の英語の文を3回読みましょう。

Let's go to school.

Kai: What do we do today?

Sun: Let's go to Ben's school.

Kai: That's a good idea.

　　 Let's check the school schedule.

　　 What do we have today?

Sun: We have English, calligraphy, music,

　　 math, and arts and crafts.

today：今日　good：よい　idea：考え　school schedule：時間割

文章の内容について、次の質問に答えましょう。

(1) サンが行こうと言っている場所を左ページに示された英語2語で ▢ に書きましょう。

(2) カイが2番目の発言でサンにたずねたことを漢字3字で（　）に書きましょう。

今日の （　　　　　　　　　　　　　　）

(3) サンが答えた教科の名前を、日本語で（　）に書きましょう。

英語、（　　　　　　　　　　　　　）、（　　　　　　　　　　　　　）、算数、図画工作

✿ 英文をなぞって書きましょう。

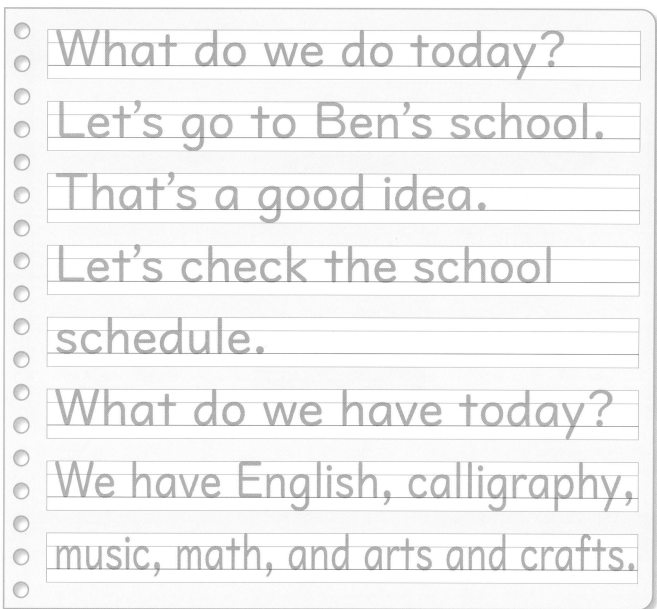

What do we do today?

Let's go to Ben's school.

That's a good idea.

Let's check the school

schedule.

What do we have today?

We have English, calligraphy,

music, math, and arts and crafts.

I can draw pictures well. ①

基本のワーク

動作②を表すことばを覚えよう！

⭐ リズムに合わせて、声に出して言いましょう。　✔言えたらチェック □□□□　♪a20

☐ **cook**

料理する

☐ **jump**

ジャンプする

☐ **run**

走る

☐ **sing**

歌う

☐ **swim**

泳ぐ

☐ **dance**

おどる

☐ **skate**

スケートをする

☐ **skateboard**

スケートボードをする

☐ **ski**

スキーをする

ワードボックス

♪a21

☐ jump rope　なわとびをする、なわとび　　☐ cook well　じょうずに料理する　　☐ jump high　高くジャンプする
☐ run fast　速く走る　　☐ sing well　じょうずに歌う　　☐ swim fast　速く泳ぐ

ことば解説

well は「じょうずに」、very well は「とてもじょうずに」という意味です。very は「とても」という意味で、あとにくることばを強調します。　例　very big（とても大きい）

書いて練習のワーク

☆読みながらなぞって、もう何回か書きましょう。

cook

料理する

jump

ジャンプする

run

走る

sing

歌う

swim

泳ぐ

dance

おどる

skate

スケートをする

skateboard

スケートボードをする

ski

スキーをする

聞く
話す
読む
書く

動作を表すことばの最後に er または r をつけると、その動作をする人を表すことばになるものがあるよ。
例 sing（歌う）→ singer（歌手） run（走る）→ runner（走者） dance（おどる）→ dancer（ダンサー）

学習の目標・
動作を表すことばを英語で言えるようになりましょう。

🔊音声

I can draw pictures well. ②

基本のワーク

教科書 50 〜 58 ページ

動作③を表すことばを覚えよう！

⭐ リズムに合わせて、声に出して言いましょう。　☑言えたらチェック ☐☐☐　♪a22

☐ **play baseball**

野球をする

☐ **play soccer**

サッカーをする

☐ **play the guitar**

ギターを弾く

☐ **play the piano**

ピアノを弾く

☐ **play** *shogi*

将棋をさす

☐ **do** *judo*

柔道をする

☐ **do** *kendo*

剣道をする

☐ **ride a unicycle**

一輪車に乗る

☐ **speak English**

英語を話す

ワードボックス

♪a23

☐ play the recorder　リコーダーをふく　　☐ play *kendama*　けん玉をする
☐ play badminton　バドミントンをする　　☐ speak Chinese　中国語を話す

ことば解説

play には「（スポーツを）する」「（楽器を）演奏する」という意味があります。あとの意味の場合は、楽器の前に the をつけます。　例　play the guitar［プレイ ザ ギター］（ギターを弾く）

 書いて練習のワーク

★ 読みながらなぞって、もう1〜2回書きましょう。

play baseball

野球をする

play soccer

サッカーをする

play the guitar

ギターを弾く

play the piano

ピアノを弾く

play shogi

将棋をさす

do judo

柔道をする

do kendo

剣道をする

ride a unicycle

一輪車に乗る

speak English

英語を話す

聞く
話す
読む
書く

 英語の トビラ do judo や do kendo のように、play ではなく do を使うスポーツには、体操、空手、相撲、レスリング、ボクシングなどがあるよ。

I can draw pictures well. ③

基本のワーク

勉強した日 ▶ 　月　日

学習の目標
できることやできない
ことを英語で言えるよ
うになりましょう。

音声

🎵 a24　教科書 50 〜 58 ページ

① 自分のできること・できないことの言い方

 ✓ 言えたらチェック □□□

I can play the recorder.
わたしはリコーダーをふくことができます。

I can't play the piano.
わたしはピアノを弾くことができません。

* 「わたしは〜することができます」は、**I can 〜 .** と言います。
* 「わたしは〜することができません」は、**I can't 〜 .** と言います。
* 「〜」には動作を表すことばを入れて言います。

🔊 声に出して 言ってみよう　□に入ることばを入れかえて言いましょう。

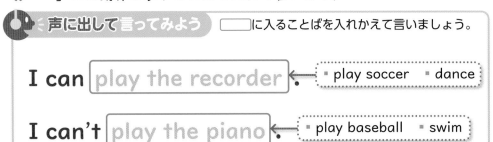

I can [play the recorder] **.** ← • play soccer　• dance

I can't [play the piano] **.** ← • play baseball　• swim

➕ ちょこっとプラス
can't のかわりに cannot
［カナット］を使うことも
あります。
cannot は 1 語です。can
と not の間はあけない
ようにしましょう。

② できるかどうかのたずね方と答え方

 ✓ 言えたらチェック □□□

Can you swim?
あなたは泳ぐことができますか。

Yes, I can.
はい、できます。

* 「あなたは〜することができますか」は、**Can you 〜?** と言います。
* **Yes, I can.**（はい、できます）または **No, I can't.**（いいえ、できません）で答えます。

🔊 声に出して 言ってみよう　□に入ることばを入れかえて言いましょう。

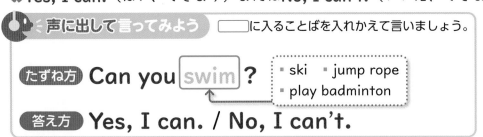

たずね方 **Can you** [swim] **?**　• ski　• jump rope
　　　　　　　　　　　　　　　• play badminton

答え方 **Yes, I can. / No, I can't.**

📝 表現べんり帳
答えの can や can't の
あとには、動作を表すこ
とばが省略されています。
例 Yes, I can (swim).
　 No, I can't (swim).

ステップ
アップ
Can you 〜? には「〜することができますか」という意味以外に「〜してくれますか」という意味もあります。
何か相手にお願いするときに使う表現です。場面による意味のちがいに注意しましょう。

書いて練習のワーク

⭐ 読みながらなぞって、もう1回書きましょう。

I can play the recorder.

わたしはリコーダーをふくことができます。

I can't play the piano.

わたしはピアノを弾くことができません。

I can play soccer.

わたしはサッカーをすることができます。

Can you swim?

あなたは泳ぐことができますか。

Yes, I can.

はい、できます。

No, I can't.

いいえ、できません。

 英語の トビラ Can you ～？（あなたは～できますか）は相手の能力についてたずねることになり、失礼に思われることもあるよ。Do you ～？ を使ったほうがよい場合もあるので注意しよう。

I can draw pictures well. ④

基本のワーク

学習の目標
身近な人のできること
を英語で言えるように
なりましょう。

音声

♪a25　教科書 50〜58 ページ

1 身近な人のできること・できないことの言い方　☑言えたらチェック ☐☐☐

He can sing well.
彼はじょうずに歌うことができます。

He can't play the piano.
彼はピアノを弾けません。

✷「彼は〜できます」は、He can 〜.と言います。

✷「彼は〜できません」は、He can't 〜.と言います。

🔊 声に出して言ってみよう　☐に入ることばを入れかえて言いましょう。

He can sing well . ← ・cook　・speak English

He can't play the piano . ← ・skate　・jump high

➕ ちょこっとプラス
「彼女は〜できます」は She can
〜、「彼女は〜できません」は
She can't 〜.と言います。
例 She can dance well.
（彼女はじょうずにお
どることができます）
例 She can't swim fast.
（彼女は速く泳げません）

2 身近な人ができるかどうかのたずね方と答え方　☑言えたらチェック ☐☐☐

Can she run fast?
彼女は速く走れますか。

Yes, she can.
はい、走れます。

✷Can she[he] 〜?の質問にYesで答えるときは、Yes, she[he] can.と言います。

✷Noで答えるときは、No, she[he] can't.と言います。

🔊 声に出して言ってみよう　☐に入ることばを入れかえて言いましょう。

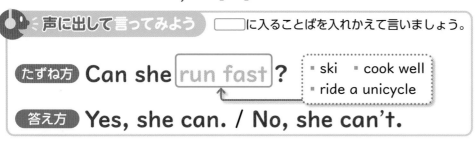

たずね方 Can she run fast ? ・ski　・cook well　・ride a unicycle

答え方 Yes, she can. / No, she can't.

📝 表現べんり帳
動作に説明を加えると
きは、fast（速く）、well
（じょうずに）などの語
を、動作を表すことば
（swim, sing など）のあ
とに置きます。

ステップ
アップ
can を使ったたずね方に Can I 〜? があります。これは、「（わたしが）〜してもいいですか」と相手に許可を求
めるときに使います。　例 Can I eat this cake?（このケーキを食べてもいいですか）

☆ 読みながらなぞって、もう1回書きましょう。

He can sing well.

彼はじょうずに歌うことができます。

He can't play the piano.

彼はピアノを弾けません。

Can she run fast?

彼女は速く走れますか。

Yes, she can.

はい、走れます。

No, she can't.

いいえ、走れません。

🎧 聞く
🎙️ 話す
📖 読む
✏️ 書く

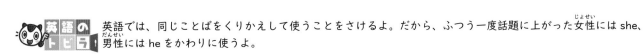

英語のトビラ！ 英語では、同じことばをくりかえして使うことをさけるよ。だから、ふつう一度話題に上がった女性には she、男性には he をかわりに使うよ。

聞いて練習のワーク

教科書 50 〜 58 ページ　　答え 4 ページ

❶ 音声を聞いて、読まれた内容に合う絵を下から選んで、記号を（ ）に書きましょう。

♪ t07

(1) (　　　　)　(2) (　　　　)　(3) (　　　　)　(4) (　　　　)

ア

イ

ウ

エ

❷ 音声を聞いて、絵の内容をそれぞれの人ができることなら〇を、できないことなら×を表の（ ）に書きましょう。

♪ t08

(1) Ken　　　（　　　　）

(2) Taku　　　（　　　　）

(3) Nana　　　（　　　　）

まとめのテスト

I can draw pictures well.

得点　　　/50点

教科書 50〜58ページ　答え 5ページ　時間 20分

1 日本語の意味に合うように ⌐ ̄ ̄¬ から英語を選んで、▭ に書きましょう。　1つ10点〔20点〕

(1) わたしはスキーをすることができます。

I ▭ ski.

(2) わたしはテニスをすることができません。

I ▭ play tennis.

> can　can't　do　don't

2 下のミホについて書かれたメモを見て、質問に合う答えの英語の文を ⌐ ̄ ̄¬ から選んで、▭ に書きましょう。　1つ15点〔30点〕

(1) **Can she jump rope?**

▭

(2) **Can she play badminton?**

▭

> Yes, I can.
> No, I can't.
> Yes, she can.
> No, she can't.

ミホについてのメモ
【できること】
　サッカー、なわとび
【できないこと】
　水泳、バドミントン

リーディング レッスン

教科書　59 ページ　　答え　5 ページ

⭐ 次の英語の文を３回読みましょう。

✓ 言えたらチェック □□□

He is great.

Sun

Hello.

This is my friend Kai.

He is great.

He can dive.

He can dance well.

He can fly high.

He can skate fast.

He can play soccer.

great：すごい、偉大な　　friend：友だち　　dive：ダイビングをする　　fly high：高く飛ぶ

Question

文章の内容について、次の質問に答えましょう。

(1) サンにとってカイはどういう人ですか。日本語で（　）に書きましょう。

　　サンの（　　　　　　　　　　　　　　　　　　　　）

(2) サンはカイをどのような人と言っていますか。左のページに示された英語1語で ▭ に書きましょう。

▭

(3) 左のページを読んでわかるカイができることを日本語で（　）に書きましょう。

　　ダイビングをする、じょうずに（　　　　　　　　　　　　　　　　）、高く飛ぶ、

　　速く（　　　　　　　　　　　　　　）、サッカーをする

⬡ 英文をなぞって書きましょう。

This is my friend Kai.

He is great.

He can dive.

He can dance well.

He can fly high.

He can skate fast.

He can play soccer.

勉強した日 ▶ 月 日

学習の目標
位置や身近なものを表すことばを英語で言えるようになりましょう。

🔊音声

Where is the station? ①

基本のワーク

教科書 60〜68ページ

位置、身近なものを表すことばを覚えよう！

⭐ リズムに合わせて、声に出して言いましょう。　✓言えたらチェック □□□　♪a26

□ **on**
〜の上に

□ **in**
〜の中に

□ **under**
〜の下に

□ **by**
〜のそばに

□ **chair** 複chairs
いす

□ **desk** 複desks
つくえ

□ **bed** 複beds
ベッド

□ **box** 複boxes
箱

□ **clock** 複clocks
時計

📦ワードボックス　♪a27

□ ball(s) ボール　　□ pencil(s) えんぴつ　　□ watch(es) 腕時計　　□ bat(s) バット
□ basket(s) かご　　□ cap(s) （つばのない）ぼうし　　□ T-shirt(s) Tシャツ　　□ bag(s) かばん

ことば解説

場所を表すときに in や at がよく使われます。どちらも「〜に、〜で」という意味です。in は国や都市など比較的広い場所や「（建物など）の中に」と言うときに、at は小さな町や店、駅などのせまい場所に使います。

複…2つ以上のときの形

書いて練習のワーク

⭐ 読みながらなぞって、何回か書きましょう。

on

～の上に

in

～の中に

under

～の下に

by

～のそばに

chair

いす

desk

つくえ

bed

ベッド

box

箱

聞く
話す
読む
書く

clock

時計

英語の
トビラ
desk は勉強や事務用のつくえのことで、ふつう引き出しがついているものをさすよ。食事をするときなどに使用する引き出しのついていないものは table と言うよ。

Where is the station? ②

勉強した日 ▶　　月　　日

学習の目標・
ものがどこにあるかを
英語で言えるようにな
りましょう。

🔊音声

♪a28　教科書 60〜68ページ

① ものがある場所の言い方

✅言えたらチェック □□□

My bag is in the box.
わたしのかばんは箱の中にあります。

✿「…は〜の中にあります」は、**… is in 〜.** と言います。「〜の中に」は **in 〜** と言います。

🎧 声に出して 言ってみよう　　□に入ることばを入れかえて言いましょう。

My bag **is in** the box .

- My pencil　- My watch
- the basket　- the room

💡 思い出そう
my は「わたしの」、
your は「あなたの」
という意味です。
例 your chair
　（あなたのいす）

② ものがある場所のたずね方と答え方

✅言えたらチェック □□□

Where is your cap?
あなたのぼうしはどこにありますか。

It's on the desk.
それはつくえの上にあります。

✿「〜はどこにありますか」とものがある場所をたずねるときは、**Where is 〜?** と言います。
✿「それは〜の上に［中に／下に／そばに］あります」は、**It's on[in / under / by]〜.** と言います。

🎧 声に出して 言ってみよう　　□に入ることばを入れかえて言いましょう。

たずね方 **Where is** your cap **?**

- your bat
- your ball

答え方 **It's** on the desk **.**

- under the chair
- by the bed

➕ちょこっとプラス
「それは〜ですか」と
たずねるときは、Is it
〜? と言います。
例 Is it your pen?
　（それはあなたのペン
　ですか）

ステップ
アップ　on、in、under、by は位置を表すことばで、そのうしろにものを表すことばがきます。日本語との語順のちが
いに気をつけましょう。　例 「つくえの上に」→ on the desk /「ベッドの下に」→ under the bed

書いて練習のワーク

⭐ 読みながらなぞって書きましょう。

My bag is in the box.

わたしのかばんは箱の中にあります。

My pencil is in the basket.

わたしのえんぴつはかごの中にあります。

Where is your cap?

あなたのぼうしはどこにありますか。

It's on the desk.

それはつくえの上にあります。

Where is your bat?

あなたのバットはどこにありますか。

It's by the bed.

それはベッドのそばにあります。

聞く
話す
読む
書く

英語の
トビラ

Where is は、短くして Where's [(フ)ウェアズ] と言うこともあるよ。
例 Where's your ruler? （あなたの定規はどこにありますか）

Where is the station? ③

基本のワーク

学習の目標
建物を表すことばを英語で言えるようになりましょう。

 音声

教科書 60〜68ページ

建物①を表すことばを覚えよう！

⭐ リズムに合わせて、声に出して言いましょう。　✓言えたらチェック □□□　♪a29

☐ **library** 複libraries

図書館

☐ **park** 複parks

公園

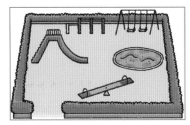

☐ **hospital** 複hospitals

病院

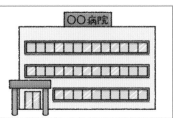

☐ **station** 複stations

駅

☐ **school** 複schools

学校

☐ **restaurant** 複restaurants

レストラン

☐ **fire station** 複fire stations

しょうぼうしょ
消防署

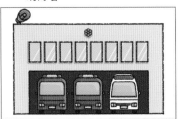

☐ **post office** 複post offices

ゆうびんきょく
郵便局

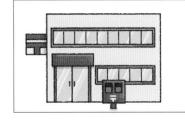

☐ **police station** 複police stations

けいさつしょ
警察署

ワードボックス ♪a30

☐ block(s) 区画、ブロック　☐ corner 曲がり角　☐ supermarket(s) スーパーマーケット　☐ bookstore(s) 書店
☐ department store(s) デパート　☐ convenience store(s) コンビニエンスストア　☐ church(es) 教会

ことば解説

store も shop も「店」という意味を表します。アメリカではふつう store を使い、小さな専門店を shop と言います。イギリスでは shop がよく使われ、大きな店を store と言います。

複…２つ以上のときの形

書いて練習のワーク

⭐ 読みながらなぞって、もう1〜2回書きましょう。

library

図書館

park

公園

hospital

病院

station

駅

school

学校

restaurant

レストラン

fire station

消防署

post office

郵便局

police station

警察署

 英語のトビラ！　1枚の地図は map［マップ］、地図を集めた地図帳は atlas［アトゥラス］だよ。昔の地図帳の最初の部分にギリシア神話の天と地（地球）を支える神アトラス（Atlas）の絵があったことから、こう言うようになったよ。

聞く
話す
読む
書く

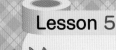

Where is the station? ④

基本のワーク

♪ a31　教科書　60〜68 ページ

学習の目標
好きな場所や行き方を英語で言えるようになりましょう。

🔊音声

① 好きな場所の言い方

☑ 言えたらチェック

> **My favorite place is the library. I like books.**
> わたしのお気に入りの場所は図書館です。わたしは本が好きです。

✿「わたしのお気に入りの場所は〜です」は、**My favorite place is 〜.** です。

声に出して言ってみよう　　□ に入ることばを入れかえて言いましょう。

My favorite place is the library .
- the park
- the school

I like books .
- flowers　・ my friends

＋ちょこっとプラス
Where is your favorite place? は「あなたのお気に入りの場所はどこですか」とお気に入りの場所をたずねる表現です。

② 場所のたずね方と答え方

☑ 言えたらチェック

> **Go straight for one block. Turn right at the corner.**
> まっすぐ1区画行ってください。曲がり角で右に曲がってください。
> **You can see it on your left.**
> （あなたの）左側にそれが見えます。

> **Where is the zoo?**
> 動物園はどこですか。

✿「〜はどこですか」と場所をたずねるときは、**Where is 〜?** と言います。

✿「まっすぐ〜区画行ってください」は、**Go straight for 〜 block(s).** と言います。

✿「曲がり角で右 [左] に曲がってください」は、**Turn right[left] at the corner.** と言います。

✿「あなたの左 [右] 側に」は、**on your left[right]** と言います。

声に出して言ってみよう　　□ に入ることばを入れかえて言いましょう。

たずね方 Where is the zoo?

答え方 Go straight for one block .
- two blocks
- three blocks

Turn right at the corner.
You can see it on your left.

📝 表現べんり帳
64 ページの Where is 〜? は道をたずねるときにも使います。
例 Where is the park?
（公園はどこですか）

ステップアップ 道案内をしてもらったら、Thank you.（ありがとう）と言いましょう。お礼を言われたら、You're welcome.（どういたしまして）などと応答します。

書いて練習のワーク

☆読みながらなぞって書きましょう。

My favorite place is the library.

わたしのお気に入りの場所は図書館です。

My favorite place is the park.

わたしのお気に入りの場所は公園です。

I like books.

わたしは本が好きです。

Where is the zoo?

動物園はどこですか。

Go straight for one block.

まっすぐ1区画行ってください。

Turn right at the corner.

曲がり角で右に曲がってください。

聞く
話す
読む
書く

You can see it on your left.

（あなたの）左側にそれが見えます。

アメリカの都市、ニューヨークの中心部にあるマンハッタンの街では、南北に通る道を Avenue［アヴェニュー］「～街」、東西に通る道を Street［ストゥリート］「～通り」と言うよ。

勉強した日 ▷　　月　　日

できた数　　　/8問中

◀)音声

教科書　60〜68ページ　　答え　5ページ

1 音声を聞いて、読まれた内容に合う絵を下から選んで、記号を（　）に書きましょう。

♪ t09

(1) (　　　)　　　(2) (　　　)　　　(3) (　　　)　　　(4) (　　　)

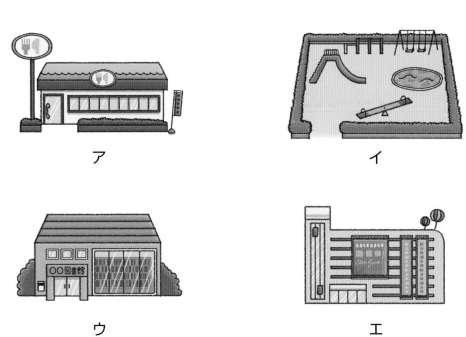

ア　　　　　　　　　　　　　イ

ウ　　　　　　　　　　　　　エ

2 音声を聞いて、箱の中に入っているものを選んで、（例）にならってそれぞれの絵を○で囲みましょう。

♪ t10

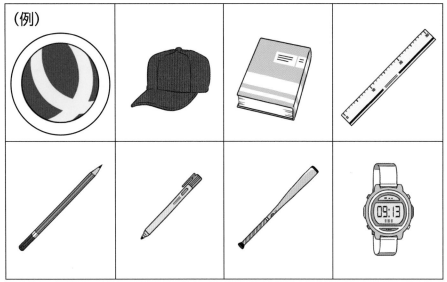

（例）

まとめのテスト

Where is the station?

教科書 60〜68ページ 答え 6ページ

時間 20分

1 日本語の意味を表す英語を線で結びましょう。 1つ5点〔20点〕

(1) 〜の下に ・   ・ on

(2) 〜の上に ・   ・ under

(3) 〜の中に ・   ・ by

(4) 〜のそばに ・   ・ in

2 日本語の意味に合うように、（ ）の中から正しいほうを選んで、◯で囲みましょう。

1つ6点〔30点〕

(1) わたしのお気に入りの場所は書店です。

(My / Your) favorite place is the bookstore.

(2) 〔(1)に対して〕その書店はどこですか。

(Where / When) is the bookstore?

(3) 〔(2)の質問に答えて〕まっすぐ2区画行ってください。曲がり角で左に曲がってください。

(Go / Come) straight for two blocks.
Turn (left / right) at the corner.

（あなたの）右側にそれが見えます。

You can see it on your (left / right).

リーディング レッスン

教科書　69 ページ　　答え　6 ページ

⭐ 次の英語の文を3回読みましょう。　　　　✓ 言えたらチェック ☐☐☐

What is your favorite place in Japan?

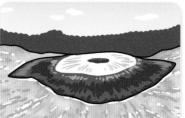

Kai: What is your favorite place in Japan?

Sun: One of my favorite places is Miyazaki.
We can see the Moai by the sea.
How about you, Kai?

Kai: I have many favorite places.

Moai：モアイ像　　sea：海　　How about 〜？：〜はどうですか。　　many：たくさんの

Question

文章の内容について、次の質問に答えましょう。

(1) サンのお気に入りの場所のひとつを左ページに示された英語1語で◻◻に書きましょう。

| |
| |
| |

(2) サンがその場所を気に入っている理由を日本語で（　）に書きましょう。

海のそばに（　　　　　　　　　　　　　　　　　）が見えるから。

(3) サンの質問にカイはどう答えましたか。日本語で（　）に書きましょう。

自分には日本に、たくさんの（　　　　　　　　　　　　　　　　　）がある。

⭐ 英文をなぞって書きましょう。

What is your favorite place

in Japan?

One of my favorite places

is Miyazaki.

We can see the Moai by

the sea.

I have many favorite places.

学習の目標
食べ物を表すことばを
英語で言えるようにな
りましょう。

音声

What would you like? ①

基本のワーク

教科書 70〜79ページ

食べ物①を表すことばを覚えよう！

🌟 リズムに合わせて、声に出して言いましょう。　✔言えたらチェック □□□　♪a32

☐ **hot dog** 複hot dogs
ホットドッグ

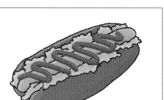

☐ **pizza**
ピザ

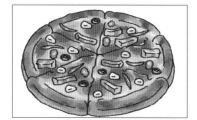

☐ **sandwich**
複sandwiches
サンドイッチ

☐ **steak**
ステーキ

☐ **spaghetti**
スパゲッティ

☐ **curry and rice**
カレーライス

☐ **fried chicken**
フライドチキン

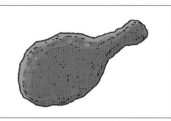

☐ **salad**
サラダ

☐ **soup**
スープ

ワードボックス
♪a33

☐ beef steak　牛ステーキ　☐ borscht　ボルシチ　☐ kebab　ケバブ　☐ onion soup　オニオンスープ
☐ tacos　タコス　☐ fish and chips　フィッシュアンドチップス　☐ bread　パン　☐ dessert　デザート

発音コーチ
カタカナ語との発音のちがいや、強く読むところに気をつけましょう。
pizza　　sandwich　　spaghetti　　salad　　soup　　※赤字部分が強く読むところです。

複……2つ以上のときの形

書いて練習のワーク

★ 読みながらなぞって、もう1〜2回書きましょう。

hot dog

ホットドッグ

pizza

ピザ

sandwich

サンドイッチ

steak

ステーキ

spaghetti

スパゲッティ

curry and rice

カレーライス

fried chicken

フライドチキン

salad

サラダ

🎧 聞く
🎤 話す
📖 読む
✏️ 書く

soup

スープ

 英語の トビラ！ 「サラダを作る」は英語ではmake (a) salad〔メイク（ア）サラド〕と言うよ。「（料理を）作る」という意味でcook〔クック〕もあるけれど、cook は火を使って料理を作るときに使うんだ。

What would you like? ②

基本のワーク

学習の目標
食べ物と飲み物を表す
ことばを英語で言える
ようになりましょう。

音声

教科書 70～79ページ

食べ物②、飲み物を表すことばを覚えよう！

✿ リズムに合わせて、声に出して言いましょう。　✓言えたらチェック ☐☐☐ ♪a34

☐ **hamburger**
複 hamburgers
ハンバーガー

☐ **French fries**
フライドポテト

☐ **omelet** 複 omelets
オムレツ

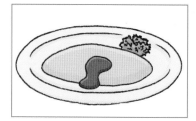

☐ **grilled fish**
焼き魚

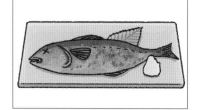

☐ **coffee**
コーヒー

☐ **tea**
こうちゃ
紅茶

☐ **green tea**
緑茶

☐ **milk**
ぎゅうにゅう
牛乳

☐ **juice**
ジュース

ワードボックス
♪a35

☐ soda pop　ソーダ水　　☐ water　水　　☐ mineral water　ミネラルウォーター
☐ rice　ごはん、米　　☐ rice ball(s)　おにぎり　　☐ noodles　めん　　☐ jam　ジャム

ことば解説

飲み物は、お店で注文するときは one coffee（コーヒー１つ）、two coffees（コーヒー２つ）のように言いますが、ふつうは a cup of coffee, <u>two</u> <u>cups</u> of coffee のように a cup of を使って言います。

複……２つ以上のときの形

 英語カード 8 ～ 18

書いて練習のワーク

☆ 読みながらなぞって、何回か書きましょう。

hamburger

ハンバーガー

French fries

フライドポテト

omelet

オムレツ

grilled fish

焼き魚

coffee

コーヒー

tea

紅茶

green tea

緑茶

milk

牛乳

juice

ジュース

聞く
話す
読む
書く

 juice は果汁（かじゅう）が 100％のものをさすよ。それ以外のものは drink などを使い、orange drink のように言うことが多いよ。

What would you like?　③

基本のワーク

学習の目標・
食べ物の注文の場面で
使う表現を英語で言え
るようになりましょう。

 音声

♪ a36　教科書 70〜79 ページ

1 食べ物の注文のしかたと答え方

 言えたらチェック □ □ □

Spaghetti, please.
スパゲッティをください。

Here you are.
はい、どうぞ。

❊「〜をください」は、〜, please. と言います。「〜」には注文したい食べ物を入れて言います。

❊ものを手わたして「はい、どうぞ」は、Here you are. と言います。

🔊 声に出して言ってみよう　□に入ることばを入れかえて言いましょう。

Spaghetti , please.
↑
Here you are.

・Fried chicken
・Coffee　・Orange juice

📓 表現べんり帳

Here you are. は、ふだんの生活で、相手にものを手わたすときにも使います。ものをわたされたら、Thank you.（ありがとう）と言いましょう。

2 何が食べたいかのたずね方と答え方

 言えたらチェック □ □ □

What would you like?
何になさいますか。

I'd like pizza and salad.
ピザとサラダをお願いします。

❊店で注文をとるときは、What would you like?（何になさいますか）と言います。

❊答えるときは、I'd like 〜.（〜をお願いします）と言います。

🔊 声に出して言ってみよう　□に入ることばを入れかえて言いましょう。

たずね方 What would you like?
答え方 I'd like pizza and salad .
　　　　　　　 ↑　　　　　 ↑
・a hot dog ・sandwiches　・soup ・French fries

⚖ くらべよう

ほしいものをたずねるときは、What do you want? と言うこともできます。ただし、What would you like? のほうがていねいな言い方です。

 ステップアップ 大きな感謝を表したいときには Thank you very[so] much.（ほんとうにありがとう）と言います。また、少し気軽に感謝を表すときには Thanks.（ありがとう）と言います。

書いて練習のワーク

⭐ 読みながらなぞって、もう1回書きましょう。

Spaghetti, please.

スパゲッティをください。

Here you are.

はい、どうぞ。

Thank you.

ありがとう。

What would you like?

何になさいますか。

I'd like pizza and salad.

ピザとサラダをお願いします。

I'd like sandwiches and soup.

聞く
話す
読む
書く

サンドイッチとスープをお願いします。

日本食は海外にも広まってきていて、すし (sushi)、すき焼き (sukiyaki)、てんぷら (tempura)、ラーメン (ramen)、とうふ (tofu)、やきとり (yakitori) などはそのまま英語になっているよ。

聞いて練習のワーク

❶ 音声を聞いて、注文している内容に合う絵を選んで、記号を（　）に書きましょう。

🎵 t11

(1) （　　　　）　(2) （　　　　）　(3) （　　　　）　(4) （　　　　）

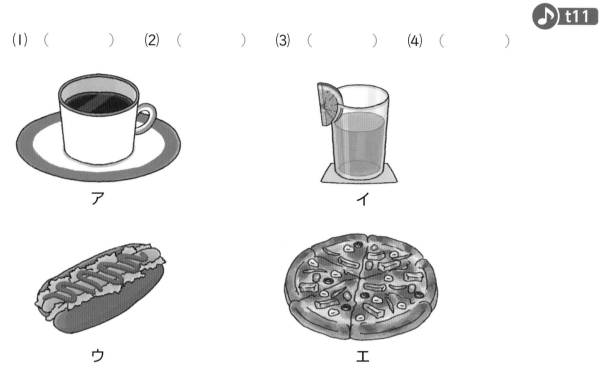

ア　　　　　　　　　　イ

ウ　　　　　　　　　　エ

❷ 店の人に客が注文しています。注文したものが絵の内容と合っていれば○、合っていなけれ
ば×を（　）に書きましょう。

🎵 t12

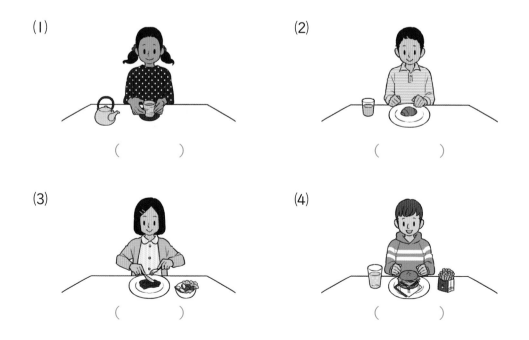

(1)　　　　　　　　　　　　　　(2)

（　　　　）　　　　　　　　　（　　　　）

(3)　　　　　　　　　　　　　　(4)

（　　　　）　　　　　　　　　（　　　　）

What would you like? ①

得点

/50点

時間 **20** 分

教科書 70〜79ページ　答え 7ページ

1 英語の意味を表す日本語を □ から選んで、（　）に書きましょう。　1つ4点〔20点〕

(1) **water**　　　　　　　（　　　　　　　）

(2) **grilled fish**　　　（　　　　　　　）

(3) **fried chicken**　 （　　　　　　　）

(4) **green tea**　　　　（　　　　　　　）

(5) **bread**　　　　　　（　　　　　　　）

> 焼き魚　　水　　緑茶　　フライドチキン　　パン

2 日本語の意味を表す英語の文を □ から選んで、□ に書きましょう。　1つ15点〔30点〕

(1) 何になさいますか。

(2) 〔(1)に答えて〕ステーキをお願いします。

> What sport do you like?
> What would you like?
> I'd like steak.
> I like steak.

学習の目標・
デザートや味を表すことばを英語で言えるようになりましょう。

音声

What would you like? ④

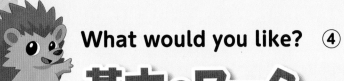

教科書 70〜79 ページ

デザート、味を表すことばを覚えよう！

⭐ リズムに合わせて、声に出して言いましょう。　☑言えたらチェック □□□　🎵 a37

□ **cake** 　複cakes
ケーキ

□ **chocolate**
チョコレート

□ **ice cream**
アイスクリーム

□ **delicious**
おいしい

□ **sour**
すっぱい

□ **hot**
辛い

□ **sweet**
甘い

□ **salty**
塩辛い

□ **bitter**
苦い

Word ワードボックス　🎵 a38

□ pancakes　パンケーキ　　□ pudding　プリン　　□ donut(s)　ドーナツ　　□ yogurt　ヨーグルト

□ hot　熱い　　□ cold　冷たい　　□ soft　やわらかい　　□ hard　固い

ことば解説

delicious は1語で「おいしい」という意味を表します。「おいしい！」と思わず言うときは、delicious より
Good! / Great! / Wonderful! [ワンダフル] / Yummy! [ヤミィ] などを使います。

複……2つ以上のときの形

書いて練習のワーク

☆ 読みながらなぞって、もう1〜2回書きましょう。

cake

ケーキ

chocolate

チョコレート

ice cream

アイスクリーム

delicious

おいしい

sour

すっぱい

hot

辛い

sweet

甘い

salty

塩辛い

聞く　話す　読む　書く

bitter

苦い

 英語で「お湯」のことはhot water と言うよ。「アイスコーヒー」は何と言うかわかるかな？
iced coffee ［アイスト コ（ー）フィ］だよ。

What would you like? ⑤

基本のワーク

学習の目標・
ものの味や値段について、英語で話せるようになりましょう。

 音声

♪ a39　教科書　70～79 ページ

1 味のたずね方と答え方

☑ 言えたらチェック □ □ □

How about this cake?
このケーキはどうですか。

It's sweet.
甘いです。

✿ 「～はどうですか」と感想をたずねるときは、**How about ～?** と言います。

✿ 味の感想を答えるときは、**It's ～.** と言います。

🔊 声に出して 言ってみよう　□□に入ることばを入れかえて言いましょう。

たずね方 **How about this cake?**
・steak
・curry and rice

答え方 **It's sweet.**
・delicious　・hot

📝 表現べんり帳

注文のときに使われる表現
・**Here you are.**
　はい、どうぞ。
・**All right.** [オール ライト]
　わかりました。

2 値段のたずね方と答え方

☑ 言えたらチェック □ □ □

How much is the spaghetti?
スパゲッティはいくらですか。

It's 780 yen.
それは 780 円です。

✿ 「～はいくらですか」と値段をたずねるときは、**How much is ～?** と言います。

✿ 値段について「それは～円です」と答えるときは、**It's ～ yen.** と言います。

✿ 「100」は hundred と言います。3けたの数は、782 なら **seven hundred eighty-two** のように、百の位の数に **hundred** をつけて言い、あとに十・一の位の数をまとめて言います。

🔊 声に出して 言ってみよう　□□に入ることばを入れかえて言いましょう。

たずね方 **How much is the spaghetti?**
・the pizza　・the coffee

答え方 **It's 780 yen.**
・620(six hundred twenty)
・300(three hundred)

➕ ちょこっとプラス

2つ以上のものの値段をたずねたいときは、
How much are ～?
と言います。
答えるときは、
They are ～ yen.
と言います。

 ステップアップ　日本のお金の単位である「円」は英語では yen と書き、[イェン] と読みます。記号の「¥」はドルを表す「$」にならって Y に二重線を入れた形から来ていると言われています。

書いて練習のワーク

⭐ 読みながらなぞって、もう1回書きましょう。

How about this cake?

このケーキはどうですか。

It's sweet.

甘いです。

How much is the spaghetti?

スパゲッティはいくらですか。

It's 780 yen.

それは 780 円です。

hundred

100

nine hundred

900

eight hundred twenty-five

825

 アメリカ合衆国のお金の単位はドル（dollar）とセント（cent）で、100 セント＝1ドルだよ。カナダ、オーストラリア、ニュージーランドのお金もドルだけど、カナダドル、オーストラリアドル、ニュージーランドドルと言うよ。

85

聞いて練習のワーク

教科書 70〜79ページ　答え 7ページ

1 音声を聞いて、読まれた内容に合う絵を下から選んで、記号を（ ）に書きましょう。

♪t13

(1) （　　　）　(2) （　　　）　(3) （　　　）　(4) （　　　）

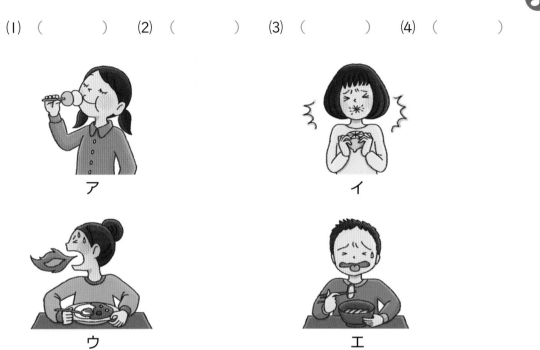

ア

イ

ウ

エ

2 音声を聞いて、それぞれの料理と値段を線で結びましょう。

♪t14

(1)　　　　　　　　(2)　　　　　　　　(3)

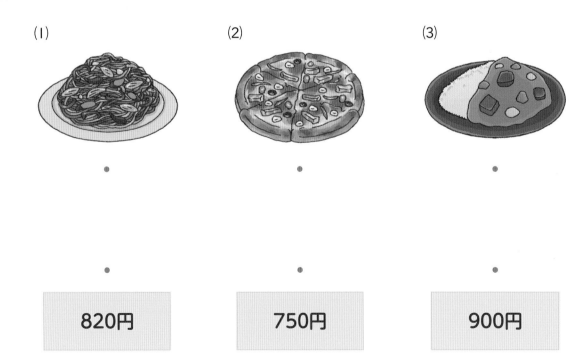

・　　　　　　　　・　　　　　　　　・

・　　　　　　　　・　　　　　　　　・

820円　　　　　750円　　　　　900円

まとめのテスト

What would you like?　②

勉強した日　月　日

得点　　／50点

時間 20分

教科書 70〜79 ページ　答え 8 ページ

1 英語の意味を表す日本語や数字を 〔　〕 から選んで、（　）に書きましょう。　1つ5点〔30点〕

(1) bitter （　　　　　）

(2) delicious （　　　　　）

(3) cold （　　　　　）

(4) three hundred fifteen （　　　　　）

(5) seven hundred five （　　　　　）

(6) a hundred and ten （　　　　　）

> 冷たい　苦い　おいしい　110　315　705

2 日本語の意味に合うように 〔　〕 から英語を選んで、＿＿ に書きましょう。　1つ10点〔20点〕

(1) ケーキはいくらですか。

＿＿＿＿＿＿ is the cake?

(2) [(1)に答えて] それは 380 円です。

＿＿＿＿ 380 yen.

> It's　How much　What　He's

勉強した日 ▶ 　月　日

I love my town.　①

学習の目標

建物と自然を表すことばを英語で言えるようになりましょう。

🔊 音声

教科書 86〜94ページ

建物②、自然を表すことばを覚えよう！

✿ リズムに合わせて、声に出して言いましょう。　☑ 言えたらチェック ☐☐☐☐　♪a40

☐ **amusement park**
　複 amusement parks
　遊園地

☐ **aquarium**
　複 aquariums
　水族館

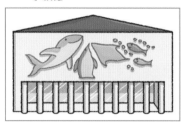

☐ **museum**
　複 museums
　博物館

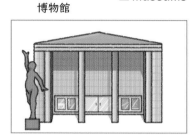

☐ **stadium**
　複 stadiums
　スタジアム

☐ **temple**　複 temples
　寺

☐ **shrine**　複 shrines
　神社

☐ **farm**　複 farms
　農場

☐ **beach**　複 beaches
　浜辺（はまべ）

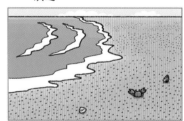

☐ **river**　複 rivers
　川

📦 **ワードボックス**　♪a41

☐ church(es)　教会　☐ restaurant(s)　レストラン　☐ hospital(s)　病院　☐ bookstore(s)　書店
☐ park(s)　公園　☐ town(s)　町　☐ lake(s)　湖　☐ mountain(s)　山

😀 **発音コーチ**

baseball stadium（野球場）、soccer stadium（サッカー場）の stadium は、[ステイディアム]のように発音します。日本語の「スタジアム」にならないように、音声をよく聞いて練習しましょう。

複……2つ以上のときの形

☆ 読みながらなぞって、書きましょう。

amusement park

遊園地

aquarium

水族館

museum

博物館

stadium

スタジアム

temple

寺

shrine

神社

farm

農場

beach

浜辺

聞く
話す
読む
書く

river

川

英語の
トビラ！ 日本で英語に似せて作った語のことを「和製英語」と言うよ。たとえば、「ジェットコースター」は英語でroller coaster［ロゥラ コゥスタ］、「ベビーカー」は英語でstroller［ストゥロゥラァ］やbuggy［バギー］などと言うよ。

勉強した日　月　日

学習の目標・
建物と動作を表すこと
ばを英語で言えるよう
になりましょう。

音声

I love my town. ②

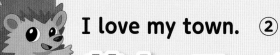

教科書 86〜94 ページ

建物③、動作④を表すことばを覚えよう！

⭐ リズムに合わせて、声に出して言いましょう。　☑言えたらチェック □□□　♪a42

☐ **gym** 複gyms

体育館

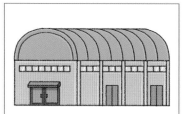

☐ **swimming pool**
複swimming pools

プール

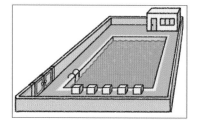

☐ **theater**
えいがかん げきじょう
映画館、劇場 複theaters

☐ **zoo** 複zoos

動物園

☐ **garden** 複gardens

庭

☐ **department store**
複department stores
デパート

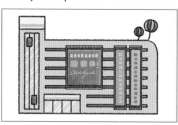

☐ **buy**

買う

☐ **see**

見る、見える

☐ **watch**

見る、じっくり見る

ワードボックス ♪a43

☐ station(s) 駅　☐ hamburger shop(s) ハンバーガー店　☐ convenience store(s) コンビニエンスストア
☐ eat 食べる　☐ drink 飲む　☐ swim 泳ぐ　☐ dance おどる

ことば解説

convenience store（コンビニエンスストア）の convenience は「便利なこと、便利なもの」という意味
です。

複……2つ以上のときの形

書いて練習のワーク

⭐ 読みながらなぞって、書きましょう。

gym

体育館

swimming pool

プール

theater

映画館、劇場

zoo

動物園

garden

庭

department store

デパート

buy

買う

see

見る、見える

watch

見る、じっくり見る

 「映画館」は、アメリカではmovie theater［ムーヴィ スィアタァ］と言うけれど、イギリスではcinema［スィネマ］と言うよ。

91

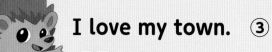

I love my town. ③

基本のワーク

学習の目標
状態や様子を表すことばを英語で言えるようになりましょう。

 音声

教科書 86〜94 ページ

状態、様子を表すことばを覚えよう！

⭐ リズムに合わせて、声に出して言いましょう。　✔ 言えたらチェック □□□　♪ a44

□ **famous**

有名な

□ **long**

長い

□ **short**

短い

□ **big**

大きい

□ **small**

小さい

□ **new**

新しい

□ **old**

古い

□ **beautiful**

美しい、きれいな

□ **wonderful**

すばらしい

ワードボックス

♪ a45

□ tall　高い　　　　　　　　　□ high　高い　　　　　　　　□ low　低い
□ amazing　すばらしい、おどろくほどの　□ exciting　わくわくする　□ great　すごい、偉大な

😃 発音コーチ

big、fishing、delicious の i は短く「イ」と発音しますが、ice、rice、exciting の i は「アイ」と発音します。同じ文字でも発音がちがうので注意しましょう。

書いて練習のワーク

☆ 読みながらなぞって、もう1〜2回書きましょう。

famous
有名な

long
長い

short
短い

big
大きい

small
小さい

new
新しい

old
古い

beautiful
美しい、きれいな

wonderful
すばらしい

 状態・様子を表すことばは、ものや人を表すことばの前に置いて、それが「どんな」もの［人］であるかを説明するのによく使われるよ。　例　a <u>long</u> pencil（<u>長い</u>えんぴつ）/ an <u>old</u> book（<u>古い</u>本）

Lesson 7

I love my town. ④

基本のワーク

🔊音声

学習の目標・
町にある場所や、そこで
できることを英語で言
えるようになりましょう。

♪a46　教科書 86〜94ページ

---

① 町にある場所をしょうかいするときの言い方　　✓言えたらチェック ☐☐☐

We have a stadium.
スタジアムがあります。

It's big.
それは大きいです。

❋ 町の中のものについて、「〜（施設、建物など）があります」は、**We have 〜.** と言います。

❋ **It's** に続けて状態や様子を表すことばを言うと、It がさすものについて説明ができます。

🔊 声に出して **言ってみよう**　　☐に入ることばを入れかえて言いましょう。

We have a stadium **.** ← ・restaurant ・theater

It's big **.** ← ・famous ・great

💡 **思い出そう**

It's は It is を短くした
言い方で It's 〜. は「そ
れは〜です」の意味です。
It はすでに話題に出てき
た1つのものをさします。

---

② その場所でできることをしょうかいするときの言い方　✓言えたらチェック ☐☐☐

We can watch baseball games.
わたしたちは野球の試合を見ることができます。

It's exciting.
それはわくわくします。

❋ 「わたしたちは〜することができます」と施設、建物でできることは **We can 〜.** と言います。

❋ **It's** に続けて状態や様子を表すことばを使うと、できることの感想を言うことができます。

🔊 声に出して **言ってみよう**　　☐に入ることばを入れかえて言いましょう。

We can watch baseball games **.**
← ・eat hot dogs ・see movies

It's exciting **.** ← ・delicious ・fun

🔧 **くらべよう**

can を入れると「できる」
という意味になります。
・I play the piano.
　わたしはピアノを弾きます。
・I can play the piano.
　わたしはピアノが弾けます。

94

ステップアップ　It's fun. は「（それは）楽しいよ」という意味です。「すごく楽しいよ」と強く言いたいときは，It's a lot of ［ア
ラット（オ）ヴ］ fun. / It's really ［リー（ア）リィ］ fun. などと言います。

書いて練習のワーク

☆ 読みながらなぞって、もう1回書きましょう。

We have a stadium.

スタジアムがあります。

It's big.

それは大きいです。

We have a restaurant.

レストランがあります。

It's famous.

それは有名です。

We can watch baseball games.

わたしたちは野球の試合を見ることができます。

It's exciting.

それはわくわくします。

聞く
話す
読む
書く

 アメリカの4大プロスポーツは何か知っているかな？ 野球 (baseball)、バスケットボール (basketball)、アメリカンフットボール (football)、アイスホッケー (ice hockey) だよ。それぞれのリーグが大人気だよ。

Lesson 7

聞いて練習のワーク

できた数

/8問中

🔊音声

教科書 86〜94ページ　答え 8ページ

1 音声を聞いて、読まれた内容に合う絵を下から選んで、記号を（　）に書きましょう。

♪ t15

(1) （　　　　）　　(2) （　　　　）　　(3) （　　　　）　　(4) （　　　　）

ア

イ

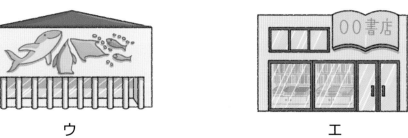

ウ

エ

2 音声を聞いて、絵の内容と合っていれば〇、合っていなければ×を（　）に書きましょう。

♪ t16

(1)

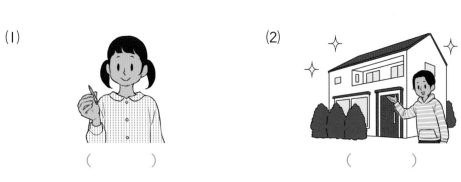

（　　　　）

(2)

（　　　　）

(3)

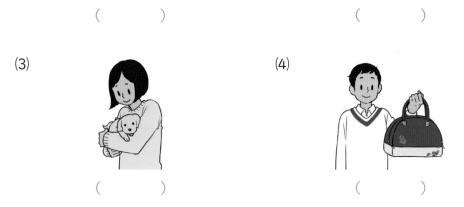

（　　　　）

(4)

（　　　　）

まとめのテスト

I love my town.

勉強した日) 月 日

得点 /50点

時間 20 分

教科書 86〜94 ページ 答え 9 ページ

1 英語の意味を表す日本語を ［　］ から選んで、（　）に書きましょう。 1つ6点〔30点〕

(1) theater （　　　　　　　　）

(2) shrine （　　　　　　　　）

(3) mountain （　　　　　　　　）

(4) famous （　　　　　　　　）

(5) beautiful （　　　　　　　　）

┌─────────────────────────┐
美しい　　　神社　　　映画館（えいがかん）
有名な　　　山　　　　寺
└─────────────────────────┘

2 日本語の意味を表す英語の文を ［　］ から選んで、＝＝＝ に書きましょう。 1つ10点〔20点〕

(1) わたしたちは大きな絵を見ることができます。

＿＿＿＿＿＿＿＿＿＿＿＿＿＿＿＿＿＿＿＿＿＿＿＿

(2) それはすばらしいです。

＿＿＿＿＿＿＿＿＿＿＿＿＿＿＿＿＿＿＿＿＿＿＿＿

┌─────────────────────────┐
We can see a big picture.
We can see a big museum.
It's wonderful.
It's famous.
└─────────────────────────┘

リーディング レッスン

| 教科書 | 95 ページ | 答え | 9 ページ |

⬡ 次の英語の文を3回読みましょう。

言えたらチェック ☑ □ □ □

Japan is an exciting country.

In spring, we can see beautiful cherry blossoms.

In summer, we can enjoy *shiohigari*.

It's fun.

We can see wonderful fireworks in many towns.

In autumn, we can enjoy hiking.

We can enjoy *momijigari*.

We can eat delicious fruits too.

We like Japanese oranges.

In winter, we can enjoy skiing.

cherry blossom(s)：桜の花　　fireworks：花火　　hiking：ハイキング　　fruit(s)：果物
skiing：スキーをすること

Question

文章の内容について、次の質問に答えましょう。

(1) 春に見ることができるものを日本語で（　）に書きましょう。

美しい（　　　　　　　　　　　　　　　　　　　）

(2) 夏にたくさんの町で見ることができるものを左のページに示された英語1語で□□に書きましょう。

(3) 秋に楽しめるもの、食べられるものは何ですか。日本語で（　）に書きましょう。

（　　　　　　　　　　　　　　　　）、もみじ狩り、

おいしい（　　　　　　　　　　　　　　　　）

✿ 英文をなぞって書きましょう。

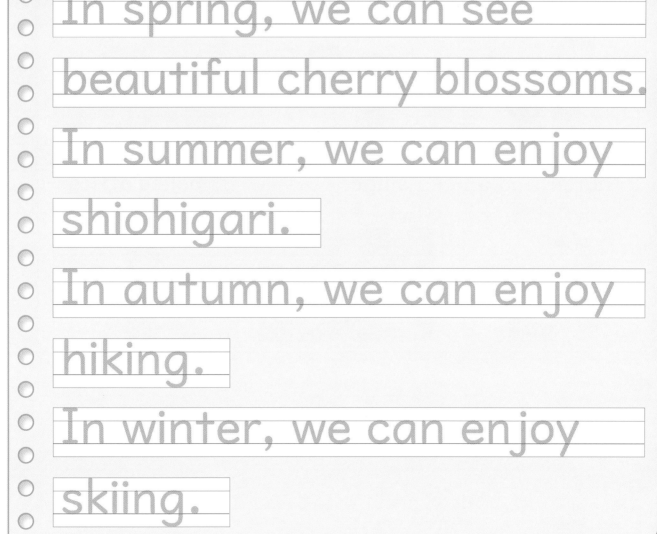

In spring, we can see

beautiful cherry blossoms.

In summer, we can enjoy

shiohigari.

In autumn, we can enjoy

hiking.

In winter, we can enjoy

skiing.

聞く
話す
読む
書く

99

勉強した日 ▶ 　月　　日

My Hero ①

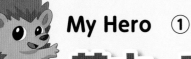

学習の目標
家族や職業を表すことばを英語で言えるようになりましょう。

🔊 音声

教科書 96〜105ページ

家族、職業②を表すことばを覚えよう！

⭐ リズムに合わせて、声に出して言いましょう。　　☑ 言えたらチェック ☐☐☐　🎵 a47

☐ **father** 複 fathers

おとうさん、父

☐ **mother** 複 mothers

おかあさん、母

☐ **brother** 複 brothers

兄、弟

☐ **sister** 複 sisters

姉、妹

☐ **friend** 複 friends

友だち

☐ **cook** 複 cooks

コック、料理人

☐ **nurse** 複 nurses

看護師

☐ **singer** 複 singers

歌手

☐ **police officer** 複 police officers

警察官

ワードボックス

🎵 a48

☐ grandfather(s)　おじいさん、祖父　　☐ grandmother(s)　おばあさん、祖母　　☐ actor(s)　俳優

☐ designer(s)　デザイナー　　☐ scientist(s)　科学者　　☐ firefighter(s)　消防士

ことば解説

sister、brother は年上、年下に関係なく、姉妹、兄弟を表します。たとえば、my sister は「わたしの姉」と「わたしの妹」のどちらにも使うことができます。

複……2人以上のときの形

書いて練習のワーク

☆ 読みながらなぞって、もう1〜2回書きましょう。

father

おとうさん、父

mother

おかあさん、母

brother

兄、弟

sister

姉、妹

friend

友だち

cook

コック、料理人

nurse

看護師

singer

歌手

🎧 聞く
🎤 話す
📖 読む
✏️ 書く

police officer

警察官

英語のトビラ！ 兄弟、姉妹が年上か年下かを表したい場合は brother や sister の前に older［オウルダァ］（年上の）や younger［ヤンガァ］（年下の）ということばをつけるよ。　例　older brother（兄）/ younger sister（妹）

101

学習の目標
動作や人の性格を表す
ことばを英語で言える
ようになりましょう。

♪音声

My Hero ②

基本のワーク

教科書 96 〜 105 ページ

動作⑤、人の性格を表すことばを覚えよう！

⭐ リズムに合わせて、声に出して言いましょう。　✔言えたらチェック □□□　♪a49

□ **speak**

話す

□ **draw**

（絵を）描く

□ **teach**

教える

□ **active**

活発な

□ **friendly**

親しみやすい

□ **kind**

優しい、親切な

□ **cool**

かっこいい

□ **gentle**

優しい、心の広い

□ **strong**

強い

ワードボックス　♪a50

□ ride　乗る　　□ write　書く　　□ read　読む　　□ study　勉強する

□ cook　料理する　　□ brave　勇敢な　　□ cute　かわいい　　□ funny　おもしろい

😀 発音コーチ

active の v は上の前歯を下くちびるに軽く当てて「ヴ」と発音します。日本語の「ブ」とはちがう音なので、音声をよく聞いてまねて言いましょう。brave の v も同じ音です。

★ 読みながらなぞって、もう1〜2回書きましょう。

speak

話す

draw

（絵を）描く

teach

教える

active

活発な

friendly

親しみやすい

kind

優しい、親切な

cool

かっこいい

gentle

優しい、心の広い

strong

強い

 cool は「かっこいい」という意味以外にも「冷静な」という意味があるよ。また、寒暖を表す場面で cool を使うと「すずしい」という意味を表すよ。

103

勉強した日 ▶ 　月　　日

学習の目標・
英語で人をしょうかい
できるようになりま
しょう。

♪ a51　教科書 96〜105 ページ

My Hero ③ 基本のワーク

❶ 人をしょうかいするときの言い方①

☑ 言えたらチェック ☐☐☐

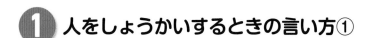

Who is your hero?
あなたのヒーローはだれですか。

My hero is my father.
わたしのヒーローは父です。

❀「〜はだれですか」とたずねるときは、Who is 〜? と言います。

❀「わたしのヒーローは〜です」と言うときは、My hero is 〜. と言います。

🔊 声に出して 言ってみよう　☐に入ることばを入れかえて言いましょう。

たずね方 **Who is your hero?**

答え方 **My hero is** | my father |.
- my sister
- my mother
- my friend

📒 表現べんり帳
ここでの hero は「尊敬
している人」「あこがれ
の人」の意味です。元は
男性に使うことばですが、
最近では男女の区別なく
使います。

❷ 人をしょうかいするときの言い方②

☑ 言えたらチェック ☐☐☐

He is a teacher.
He can speak English well.
彼は先生です。彼はじょうずに英語を話すことができます。

Hi, everyone!
English

❀「彼［彼女］は〜です」は、He[She] is 〜. と言います。

❀「彼［彼女］は〜できます」は、He[She] can 〜. と言います。

🔊 声に出して 言ってみよう　☐に入ることばを入れかえて言いましょう。

He is | a teacher |.
- an artist
- a soccer player

He can | speak English well |.
- sing well
- run fast

➕ ちょこっとプラス
「彼［彼女］は〜ですか」
は Is he[she] 〜? と
言います。答えるとき
は Yes, he[she] is. や
No, he[she] isn't. な
どと言います。

ステップ
アップ　1つ、2人、3個など、数えられるものには a や an［アン］をつけます。数えられないものには人名、国名、地名、スポーツ名などがあります。

書いて練習のワーク

☆ 読みながらなぞって、もう1回書きましょう。

Who is your hero?

あなたのヒーローはだれですか。

My hero is my father.

わたしのヒーローは父です。

He is a teacher.

彼は先生です。

He can speak English well.

彼はじょうずに英語を話すことができます。

He can draw pictures.

彼は絵を描くことができます。

 hero には映画や小説などでの「主人公」という意味もあるよ。この場合は、女性には heroine［ヘロウイン］を使うこともあるよ。

My Hero ④

基本のワーク

学習の目標・
得意なことを英語でたずねたり、答えたりできるようになりましょう。

🔊 音声

♪ a52　教科書 96〜105 ページ

① 得意なことを伝えるときの言い方

☑ 言えたらチェック ☐☐☐

Lisa is good at playing tennis. She is great.

リサはテニスをすることが得意です。
彼女（かのじょ）はすばらしいです。

✿「…（人の名前）は〜することが得意です」は、…（人の名前）is good at 〜. と言います。

✿「〜すること」は動作を表すことばに ing がついた形で表します。

表現（ひょうげん）べんり帳

「〜すること」
・drawing [ドゥローイング]
　（線で）絵を描くこと
・writing [ライティング]
　（文字・文章を）書くこと
・running [ラニング]
　走ること

🔊 声に出して言ってみよう　☐に入ることばを入れかえて言いましょう。

Lisa is good at playing tennis .　・dancing　・singing

She is great .　・active　・cool

② 相手が得意かどうかのたずね方と答え方

☑ 言えたらチェック ☐☐☐

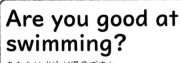

Are you good at swimming?

あなたは水泳が得意ですか。

Yes, I am.

はい、得意です。

✿「あなたは〜が得意ですか」は、Are you good at 〜? と言います。

✿ Yes, I am.「はい、得意です」、または No, I'm not.「いいえ、得意ではありません」で答えます。

➕ ちょこっとプラス

good at のあとには、動作を表すことばだけでなく、baseball などのスポーツや、math などの教科も入れることができます。

🔊 声に出して言ってみよう　☐に入ることばを入れかえて言いましょう。

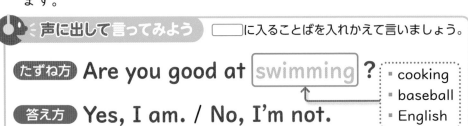

たずね方 Are you good at swimming ?　・cooking　・baseball　・English

答え方 Yes, I am. / No, I'm not.

ステップアップ 「わたしは〜が苦手です」は I'm not good at 〜. と言います。　例 I'm not good at sports.（わたしはスポーツが苦手です）

書いて練習のワーク

☆ 読みながらなぞって、もう1回書きましょう。

Lisa is good at playing tennis.

リサはテニスをすることが得意です。

She is great.

彼女はすばらしいです。

She is cool.

彼女はかっこいいです。

Are you good at swimming?

あなたは水泳が得意ですか。

Yes, I am.

はい、得意です。

聞く
話す
読む
書く

No, I am not.

いいえ、得意ではありません。

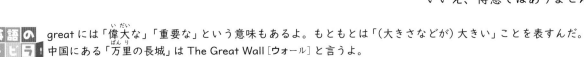

great には「偉大な」「重要な」という意味もあるよ。もともとは「(大きさなどが) 大きい」ことを表すんだ。中国にある「万里の長城」は The Great Wall [ウォール] と言うよ。

勉強した日 月 日

Lesson 8

聞いて練習のワーク

教科書 96 ～ 105 ページ　答え 9 ページ

できた数

／8問中

音声

1 音声を聞いて、読まれた内容に合う絵を下から選んで、記号を（　）に書きましょう。

♪ t17

(1) （　　　　　）　　(2) （　　　　　）　　(3) （　　　　　）　　(4) （　　　　　）

ア

イ

ウ

エ

2 音声を聞いて、しょうかいされている人物について、あてはまる内容を（　）に日本語で書き、表を完成させましょう。

♪ t18

マコトのおとうさん	
(1) 職業	（　　　　　　　　　　　　　）
(2) 性格	（　　　　　　　　　　　　　）
(3) 得意なスポーツ	（　　　　　　　　　　　　　）
(4) できること	（　　　　　　　　　　　　　）

まとめのテスト

My Hero

1 日本語の意味に合うように（ ）の中から正しいほうを選んで、◯で囲みましょう。

1つ5点〔20点〕

(1) こちらは田中先生です。

（ This / That ）is Ms. Tanaka.

彼女はわたしの国語の先生です。

（ He / She ）is my Japanese teacher.

(2) わたしの兄はじょうずにピアノを弾くことができます。

My brother (can / is) play the piano well.

彼はわたしのヒーローです。

（ He / She ）is my hero.

2 日本語の意味を表す英語の文を ┈┈ から選んで、── に書きましょう。　1つ15点〔30点〕

(1) 彼女はサッカーが得意です。

(2) あなたは歌うことが得意ですか。

```
She is good at soccer.
She can play soccer.
Are you good at singing?
Are you good at skiing?
```

大文字と小文字の関係をまとめよう。

プラスワーク

音声

📝 **アルファベットの大文字　A〜Z ／ アルファベットの小文字　a〜z**

⭐ アルファベットの大文字と小文字を覚えましょう。

A a A a	B b B b
C c C c	D d D d
E e E e	F f F f
G g G g	H h H h
I i I i	J j J j
K k K k	L l L l
M m M m	N n N n

● 111 ページの解答
（かいとう）

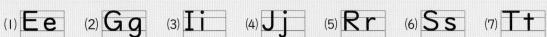

(1) E e　(2) G g　(3) I i　(4) J j　(5) R r　(6) S s　(7) T t

(8) U u　(9) M N V W　(10) b d p q

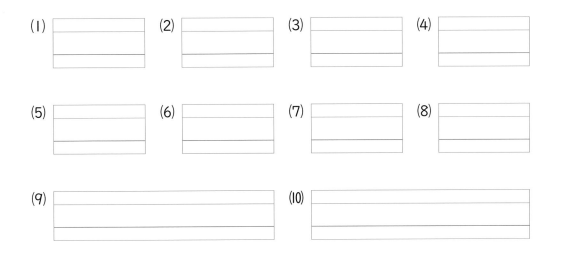

Cとc、Oとo、Sとs、Wとw、Xとx、Zとzは形は似ているけれど、高さがちがうので気をつけてね。

⭐ 音声を聞いて、答えましょう。(1)〜(8)はアルファベット1文字が読まれます。大文字と小文字の両方を書きましょう。(9)、(10)は4つのアルファベットが読まれます。(9)は大文字で、(10)は小文字で書きましょう。

♪ a53

(1)

(2)

(3)

(4)

(5)

(6)

(7)

(8)

(9)

(10)

ローマ字表

〔ヘボン式〕

※[ ]は訓令式です。

	A	I	U	E	O			
A	a ア	i イ	u ウ	e エ	o オ			
K	ka カ	ki キ	ku ク	ke ケ	ko コ	kya キャ	kyu キュ	kyo キョ
S	sa サ	shi [si] シ	su ス	se セ	so ソ	sha [sya] シャ	shu [syu] シュ	sho [syo] ショ
T	ta タ	chi [ti] チ	tsu [tu] ツ	te テ	to ト	cha [tya] チャ	chu [tyu] チュ	cho [tyo] チョ
N	na ナ	ni ニ	nu ヌ	ne ネ	no ノ	nya ニャ	nyu ニュ	nyo ニョ
H	ha ハ	hi ヒ	fu [hu] フ	he ヘ	ho ホ	hya ヒャ	hyu ヒュ	hyo ヒョ
M	ma マ	mi ミ	mu ム	me メ	mo モ	mya ミャ	myu ミュ	myo ミョ
Y	ya ャ	—	yu ユ	—	yo ョ			
R	ra ラ	ri リ	ru ル	re レ	ro ロ	rya リャ	ryu リュ	ryo リョ
W	wa ワ	—	—	—	—			
N	n ン							
G	ga ガ	gi ギ	gu グ	ge ゲ	go ゴ	gya ギャ	gyu ギュ	gyo ギョ
Z	za ザ	ji [zi] ジ	zu ズ	ze ゼ	zo ゾ	ja [zya] ジャ	ju [zyu] ジュ	jo [zyo] ジョ
D	da ダ	ji [zi] ヂ	zu ヅ	de デ	do ド			
B	ba バ	bi ビ	bu ブ	be ベ	bo ボ	bya ビャ	byu ビュ	byo ビョ
P	pa パ	pi ピ	pu プ	pe ペ	po ポ	pya ピャ	pyu ピュ	pyo ピョ